AF566435

westermann

Horizonte

Gymnasium

11. Jahrgangsstufe
Bayern

Herausgegeben von
Prof. Dr. Ulrich Baumgärtner
Dr. Herbert Rogger
Dr. Wolf Weigand

Erarbeitet von
Daniela Arnold
Prof. Dr. Ulrich Baumgärtner
Dr. Linda Brüggemann
Christine Eckl
Dr. Verena Espach
Hans-Martin Kühl
Dr. Gregor Pelger
Dr. Herbert Rogger
Dr. Wolf Weigand

Mit Beiträgen von
Rainer Brieske
Anna Katharina Frings
Klaus Fieberg
Klaus-Michael Guse
Prof. Dr. Christian Kuchler
Dr. Jelko Peters
Ina Schenk
Dr. Frank Schweppenstette
Eva Wuschansky

Druck A[1] / Jahr 2023
Alle Drucke der Serie A sind inhaltlich unverändert.

Redaktion: Christoph Meyer
Druck und Bindung: Westermann Druck GmbH, Georg-Westermann-Allee 66, 38104 Braunschweig

ISBN 978-3-14-**115691**-1

01  GESCHICHTE ERINNERN 6

02 MIGRATION IN BAYERN VON DER FRÜHEN NEUZEIT BIS ZUM 20. JAHRHUNDERT 62

OPERATORENTRAINING IM ÜBERBLICK

HISTORISCHER HINTERGRUND IM ÜBERBLICK

M 1 **Mittelalterrezeption**
Turnierkampf bei einem Mittelalter-Fest, 2016 (Schottland)

M 2 **Erinnerung an die deutsche Kolonialgeschichte**
Umbenennung einer Straßen in München, Foto, 2006

M 3 **Holocaust-Erinnerung**
Denkmal für die ermordeten Juden, Foto, Berlin, 2012

M 4 **Gedenktage**
„Tag der deutschen Einheit", Foto, Berlin, 3. Oktober 1990

Aufgaben

Geschichte erinnern

a) Erläutern Sie die einzelnen Abbildungen.
b) Bestimmen Sie die Anlässe der Erinnerung an Geschichte.
c) Erläutern Sie die Form, in der jeweils an Geschichte erinnert wird.
→ M1–M4

01 GESCHICHTE ERINNERN

Die Vergangenheit ist vergangen und kann nicht mehr zurückgeholt werden. Allerdings setzen sich Menschen kontinuierlich mit der Vergangenheit auseinander – seien es persönliche Erlebnisse, politische Ereignisse oder weit zurückliegende Geschehnisse mit aktuellen Nachwirkungen. Geschichte wird beständig und auf unterschiedlichste Arten und Weisen erinnert, wodurch die Vergangenheit immer auch „gegenwärtig" ist.

Die nebenstehenden Abbildungen beziehen sich sowohl auf historische Sachverhalte als auch auf den späteren Umgang mit diesen Sachverhalten. Letzteres kann auf vielfältige Weise geschehen. Im Folgenden werden verschiedene Beispiele vorgestellt, wie Geschichte erinnert wird, in welchen Formen dies geschieht und zu welchen Zwecken. Zentral ist dabei die Frage: Wie trägt die Erinnerung an die Geschichte dazu bei, sich in der Gegenwart zu orientieren? Diese verschiedene Beispiele der Erinnerung an Geschichte unterscheiden sich zum einen deutlich voneinander, weisen aber auch Gemeinsamkeiten auf.

Das folgende Unterkapitel ist in sieben Abschnitte gegliedert:

Das 1. Teilkapitel ...
... setzt sich mit grundlegenden Fragen der Erinnerung an Geschichte auseinander.

Das 2. Teilkapitel ...
... behandelt anhand der „Stauferstelen", des Festes zur Landshuter Hochzeit und eines Romanausschnittes die Rezeption des Mittelalters.

Das 3. Teilkapitel ...
... verfolgt die Veränderungen der Erinnerung an die Kolonialgeschichte.

Das 4. Teilkapitel ...
... stellt verschiedene Formen der Erinnerung an den Holocaust dar.

Das 5. Teilkapitel ...
... untersucht die Formen und Gefahren der Leugnung des Holocaust.

Das 6. Teilkapitel ...
... widmet sich der Erinnerung von Zeitzeugen an die DDR-Geschichte.

Das 7. Teilkapitel ...
... beleuchtet die Geschichte von Gedenk- und Feiertagen in Deutschland.

Geschichte erinnern

Christopher Clark

DIE SCHLAFWANDLER

Wie Europa in den Ersten Weltkrieg zog

M 1 **Rede im Bundestag,** Bundestagspräsident Nobert Lammert spricht im Deutschen Bundestag in Berlin während einer Gedenkstunde für die Opfer des Nationalsozialismus, Foto, Berlin, 27. Januar 2009

M 2 **„Museum der Bayerischen Geschichte“,** Foto, Regensburg, 2019

M 3 **Einweihung des Denkmals für die im Nationalsozialismus ermordeten Sinti und Roma,** Foto, Berlin, 2012

M 4 **Großvater mit Enkelin,** Foto, 2011

M 5 **„Tagebuch der Anne Frank“,** Buchcover, 2010

M 6 **„Die Schlafwandler“,** Buchcover, 2014

M 7 Gedächtnis

Die Kulturwissenschaftlerinnen Aleida Assmann und Ute Frevert unterscheiden verschiedene Formen von Gedächtnis (1999):

Das **individuelle Gedächtnis** ist das Medium subjektiver Erfahrungsverarbeitung. [...] Das kommunikative Gedächtnis entsteht in einem Milieu räumlicher Nähe, regelmäßiger Interaktion, gemeinsamer Lebensformen und geteilter Erfahrungen. Persönliche Erinnerungen existieren nicht nur in einem besonderen sozialen Milieu, sondern auch in einem spezifischen Zeithorizont. Dieser Zeithorizont wird durch den Wechsel der Generationen bestimmt. [...] Das bedeutet, dass das individuelle Gedächtnis nicht nur in seiner zeitlichen Erstreckung, sondern auch in den Formen seiner Erfahrungsverarbeitung vom weiten Horizont des Generationengedächtnisses bestimmt wird. In diesem runden sich die unterschiedlichen Einzelerinnerungen zu einem kollektiven Erfahrungshintergrund auf. Die explizit subjektiven Erinnerungen sind eingebunden in ein implizites Generationengedächtnis.

Im **kommunikativen Gedächtnis**, das stets auf ein Generationengedächtnis bezogen ist, verschränken sich bereits individuelles und kollektives Gedächtnis. Von einem **„kollektiven Gedächtnis"** im prägnanten Sinne soll jedoch erst auf einer zweiten Ebene die Rede sein. Diese Ebene wird erreicht, sobald gewisse Vorkehrungen für seine Bestandserhaltung über die natürlichen Zeitgrenzen seines Verfalls hinweg getroffen werden. Das kollektive Gedächtnis ist somit eine Steigerungsform des Generationengedächtnisses, das sich ohne entsprechende Maßnahmen mit dem Ableben seiner Träger immer wieder von selbst auflöst. Wie wird das kollektive Gedächtnis zu einem generationenübergreifenden sozialen Langzeitgedächtnis? Die Antwort lautet: in Verbindung mit der Entstehung eines politischen Kollektivs, einer Solidargemeinschaft. Gedächtnis und Kollektiv unterstützen sich gegenseitig: Das Kollektiv ist der Träger des Gedächtnisses, das Gedächtnis stabilisiert das Kollektiv.

Oberhalb des kommunikativen und kollektiven Gedächtnisses ist als eine weitere Ebene das **„kulturelle Gedächtnis"** anzusetzen. Die Anordnung dieser drei Begriffe führt zu Stufen immer höherer Integration und größerer Reichweite in Raum und Zeit. Wie das kollektive Gedächtnis wird das kulturelle Gedächtnis gebraucht, um Erfahrungen und Wissen über die Generationenschwellen zu transportieren und damit ein soziales Langzeitgedächtnis auszubilden. Während jedoch das kollektive Gedächtnis diese Stabilisierung durch radikale inhaltliche Engführung, hohe symbolische Intensität und starke psychische Affektivität [Stimmung] erreicht, stützt sich das kulturelle Gedächtnis auf externe Medien und Institutionen. Hier spielt die Auslagerung von Erfahrungen, Erinnerungen und Wissen auf Datenträger wie Schrift und Bild eine entscheidende Rolle. Während die Medien für das kollektive Gedächtnis lediglich einen Signalwert haben und als reine Merkzeichen oder Appelle für ein gemeinsam verkörpertes Gedächtnis dienen – eine Inschrift auf dem Autokennzeichen, eine Jahreszahl als Graffito an einer Hauswand –, stützt sich das kulturelle Gedächtnis auf einen komplexen Überlieferungsbestand symbolischer Formen. Diese Medien des kulturellen Gedächtnisses umfassen Artefakte [hier: von Menschen Geschaffenes] wie Texte, Bilder und Skulpturen neben räumlichen Kompositionen wie Denkmälern, Architektur und Landschaften sowie zeitliche Ordnungen wie Feste, Brauchtum und Rituale.

Aleida Assmann/Ute Frevert, Geschichtsvergessenheit – Geschichtsversessenheit. Vom Umgang mit der deutschen Vergangenheiten nach 1945, Stuttgart: DVA 1999, S. 36ff., 41f., 49.

Aufgaben

1. Geschichte erinnern

a) Beschreiben Sie die einzelnen Abbildungen M1–M6. Erläutern Sie, in welcher Form jeweils an Geschichte erinnert wird.

b) Erörtern Sie, welche Motive mit der jeweiligen Form der Erinnerung verbunden sind.

→ M1–M6

2. Gedächtnis

a) Bestimmen Sie auf Grundlage der Darstellung M7 den Unterschied zwischen individuellem, kommunikativem, kollektivem und kulturellem Gedächtnis.

b) Ordnen Sie die Abbildungen M1–M6 der jeweiligen Form des Gedächtnisses zu. Begründen Sie die Zuordnung.

→ M1–M7

Geschichte erinnern

M 8 Geschichte erinnern – Infotext

a) Geschichte erinnern:

Jeder Mensch lebt mit seinen Erinnerungen – er denkt an seine Kindheit zurück, freut sich über schöne Erlebnisse und trauert über Verluste. Manches bleibt ihm lebenslang präsent, anderes vergisst er. Auf diese Weise macht er sich ein Bild seiner eigenen Lebensgeschichte und empfindet sein Leben als geglückt oder gescheitert. Private Erinnerungen des individuellen Gedächtnisses werden in aller Regel mündlich weitergegeben, im Familien-, Freundes- und Bekanntenkreis erzählt. Ein bis zwei Generationen nach dem Tod eines Menschen verlieren sich die auf diese Weise übermittelten Informationen jedoch meist wieder. Eine solche mündliche Weitergabe von erinnerten Erlebnissen wird als „kommunikatives Gedächtnis" bezeichnet.
Persönliche Erinnerungen sind aber nicht immer nur persönlich; Millionen von Menschen haben beispielsweise die Erfahrung des Zweiten Weltkrieges miteinander geteilt. Die einzelnen Erlebnisse dabei waren zwar individuell, gleichwohl gibt es vielfältige Überschneidungen und Ähnlichkeiten. In einem solchen Fall, in dem Erinnerungen von einer größeren Gruppe oder sogar von einer ganzen Gesellschaft geteilt werden, spricht man von einem „kollektiven Gedächtnis".
Als „kulturelles Gedächtnis" bezeichnet man hingegen Erinnerungen, die über die individuellen Erinnerungen der Zeitzeugen und ihrer Nachkommen hinaus dauerhaft bewahrt werden. Dazu genügt die mündliche Weitergabe nicht mehr, vielmehr bedarf es eigener Formen, die im größeren Rahmen wirken, z. B. schriftliche Darstellungen, Denkmäler, Filme, Kunstwerke, Mythen, Bauwerke oder Gedenktage. Hier geht es auch nicht um individuelle Erfahrungen, sondern um bedeutsame historische Sachverhalte, die erinnert werden.

b) Geschichte erforschen:

Es gibt zahllose Zugänge zur Geschichte, die ganz verschiedenen Zwecken dienen können: So kann mit einer Gedenkrede eine politische Absicht verbunden sein, oder ein Film nimmt ein historisches Ereignis lediglich als Hintergrund für eine spannende Geschichte.
Die Geschichtswissenschaft erhebt demgegenüber den Anspruch, über die Vergangenheit belastbare Erkenntnisse zu liefern. Dies ist nicht einfach, da die Vergangenheit unwiderruflich vergangen ist. Was allerdings geblieben ist, sind Quellen: Nur wenn Quellen vorhanden sind, lassen sich Aussagen über die Vergangenheit treffen. Da die Überlieferung oft unvollständig oder einseitig ist, müssen Quellen kritisch befragt werden. Ihre Auswertung bereitet häufig Schwierigkeiten und führt nicht immer zu eindeutigen Ergebnissen. Auf der Grundlage der überlieferten Quellen schreiben Forscherinnen und Forscher dann „Geschichte": Sie entwerfen ein Bild der Vergangenheit. Dieses Bild beruht zwar auf überprüfbaren Erkenntnissen, aber es enthält zwangsläufig immer auch mehr oder weniger große Lücken und Unsicherheiten. Die wissenschaftlichen Darstellungen der Geschichtswissenschaft sind also „narrative Konstrukte". Als erzählende Zusammenstellungen zeigen sie nicht, wie es definitiv gewesen ist, sondern sie legen begründet und überprüfbar dar, wie es gewesen sein könnte.
Fachleute können sich meist leicht darauf einigen, wann ein Ereignis stattgefunden hat und welche Gründe dazu geführt haben. Bei historischen Sachverhalten wirken jedoch stets verschiedene Faktoren zusammen, die unterschiedlich gewichtet werden können. Wenn es daher um die historische Einschätzung von Ereignissen geht, können die Positionen auch bei Fachleuten schnell voneinander abweichen, denn Interpretationen können kaum gänzlich frei sein von persönlichen und politischen Einstellungen. Umgekehrt kann natürlich auch nicht alles behauptet werden, denn Aussagen zur Geschichte müssen sich im Licht der Quellen überprüfen lassen.

Quellen

M 9 Erkenntnisprozess in der Geschichtswissenschaft

In einem Einführungswerk für das Geschichtsstudium wird der Erkenntnisprozess der Geschichtswissenschaft so beschrieben (2019):

Alle Behauptungen müssen durch **Quellen** belegt werden. Umgekehrt besteht ein „Vetorecht der Quellen" (Reinhart Koselleck), d. h., dass eine Aussage, die den Quellen widerspricht, nicht zulässig ist.
Darstellungen sind das Ergebnis wissenschaftlichen Arbeitens. In ihnen werden die Ergebnisse der Forschung niedergelegt. Sie müssen bestimmte Kriterien erfüllen, z. B.:

- Es muss eine sinnvolle und in sich stimmige Fragestellung vorliegen.
- Die Quellenauswertung sollte möglichst umfassend und systematisch sein.

- Die bisherigen Forschungsergebnisse, also die schon existierenden wissenschaftlichen Abhandlungen, müssen möglichst vollständig ausgewertet werden.
- Der Erkenntnisprozess muss intersubjektiv [von anderen Personen] nachprüfbar, d. h. transparent und nachvollziehbar sein. Dazu dienen u. a. das Literaturverzeichnis sowie die Anmerkungen.
- Die Darstellung muss argumentativ plausibel sein [...].

Das Geschäft der Geschichtswissenschaft lässt sich also zusammenfassend als **Rekonstruktion** bezeichnen und mithilfe der Mosaik-Metapher veranschaulichen. Es finden sich viele Mosaiksteinchen, will sagen: Quellen, von denen bekannt ist, dass sie, richtig zusammengesetzt, ein Bild ergeben. Im Zuge der Forschungsarbeit werden Teile des Bildes sichtbar, für andere Bereiche gibt es momentan keine Steine. Nach bestem Wissen und Gewissen sowie mit aller Vorsicht werden die fehlenden Teile gedanklich ergänzt. Da der Historiker nicht umhin kommt, bei der Rekonstruktion auch mit begründeten Vermutungen zu arbeiten, also zum Beispiel Motive zu erschließen, wenn es keine expliziten Aussagen dazu gibt, wird seine Tätigkeit auch als Konstruktion, ja als Fiktion beschrieben. [...] Hinzu kommt, dass der Historiker seine Fragestellungen aus seiner gegenwärtigen Lebenswelt gewinnt. Somit verändern sich die Ansätze und die Schwerpunkte der Forschung. Bestimmte Sachverhalte erscheinen immer wieder in neuem Licht. Allerdings sind die Ergebnisse trotz aller Veränderung nicht beliebig und subjektiv.

Ulrich Baumgärtner, Wegweiser Geschichtsdidaktik, Paderborn: Schöningh 2019, S. 22 ff.

M 10 Clio, die Göttin des Schreibens und der Geschichte
Gemälde von Arnold Böcklin, 1876

Training

Erklärung des Operators „Erläutern“

Sie sollen einen komplexen, vielschichtigen Inhalt (ein Phänomen, ein Ereignis, ein Problem, ein Modell, ein Schaubild usw.) in wesentliche Einzelheiten/Bestandteile zerlegen und deren Zusammenhänge deutlich machen. Ihre Erklärung muss für jemanden verständlich und nachvollziehbar sein, der dazu keine Kenntnisse hat. Erläutern heißt erklären mit zusätzlichen Informationen, z. B. mit (eigenen) Beispielen, die Ihre Erklärung veranschaulichen.

Formulierungshilfen
Der Grund für ... / eine Bedingung/eine Voraussetzung ist, dass ... Das hängt damit zusammen, dass . .
Eine Ursache für ... ist, dass ...
Das Phänomen/das Problem lässt sich damit erklären, dass ... Es ist zu erkennen, dass ...
Daran/es wird deutlich/ersichtlich, dass ...
Das hat zur Folge, dass ...
Daraus folgt/daraus ergibt sich, dass ... Dies zeigt sich ...

Aufgaben

Geschichte erinnern

a) Erläutern Sie den Unterschied zwischen „Geschichte erinnern“ und „Geschichte erforschen“. Verwenden Sie dafür auch den Trainingskasten zum Operator „erläutern“ auf dieser Seite.
b) Analysieren Sie die Vor- und Nachteile des jeweiligen Umgangs mit Geschichte.
c) Stellen Sie den Erkenntnisprozess der historischen Forschung (z. B. als Flussdiagramm) grafisch dar. Erläutern Sie dabei die Bedeutung von Quellen. Verwenden Sie auch den Grundlegenden Begriff „Quellen“.
d) Erörtern Sie die Erkenntnismöglichkeiten und die Erkenntnisgrenzen der Geschichtswissenschaft.
e) Verfassen Sie einen kurzen Essay, in dem Sie anhand von Beispielen die Bedeutung von historischer Erinnerung für Ihr Leben reflektieren. Verwenden Sie dabei die entsprechenden Begrifflichkeiten.

→ M8 – M10

Mittelalterrezeption

Der Begriff „Mittelalter“ scheint eindeutig zu sein: Er ist mit Rittern und Turnieren, edlen Damen und Minne, Burgen und Sagen verbunden. Das Mittelalter hat Konjunktur: Filme und Fernsehserien mit mittelalterlichen Themen sind äußerst populär. Nachgestellte Mittelalterfeste, Ritterturniere, historische Umzüge und Veranstaltungen mit mittelalterlicher Musik ziehen ein breit gefächertes Publikum an. Hinzu kommen zahllose Computerspiele, die in einer mittelalterlich geprägten Lebenswelt mit Burgen, Heeren, Schlachten, befestigten Städten und Kaufleuten gestaltet sind. Die sogenannten Stauferstelen beschäftigen sich mit dem Herrschergeschlecht der Staufer.

M 1 Stauferstele in Rothenburg
Aktuelles Foto

M 2 Stauferstelen

Die Historikerin Isabelle Luhmann (*1987) beschreibt die verschiedenen Funktionen der Stauferstelen:

Resümierend ist die Interpretation der staufischen Geschichte durch die Stelenerrichtungen aufgrund der unterschiedlichen Rahmenbedingungen sehr heterogen. Die erste Stelenenthüllung in Fiorentino fand im Rahmen des Gedenkjahres an Friedrichs II. 750. Geburtstag statt, weswegen ein großes, informatives, aber auch erlebbares Festprogramm konzipiert wurde. Auch die Stelenerrichtung auf dem Hohenstaufen 2002 wurde mit einem Jubiläum verbunden. [...]
Die Verbindung zwischen Fiorentino und Hohenstaufen wird über das Material hergestellt. Die Inschriften widmen sich nicht den Orten der Errichtung, sondern der Dynastie als Ganzem und vor allem Friedrich II. [...] Diese Art der staufischen Rezeption kann einen Beitrag zu einer europäischen und lokalen Identitätsstiftung leisten. Den Betrachtern wird darüber hinaus die Möglichkeit des Erkenntnisgewinns über die staufische Dynastie und den Stelenstandort gegeben. Bei den symbolträchtigen, feierlichen Errichtungen der Stelen sind kommunale, regionale und vereinzelt auch nationale politische Würdenträger anwesend. [...]
Im Vordergrund agieren Privatpersonen, lokale und regionale Personengruppen. Das bedeutet, die transnationale Erinnerung läuft zwar über die deutsch-italienische Dimension, sie ist aber primär eine schwäbisch-apulische Rezeption der Stauferzeit. Dieser Befund bestätigt die These Knut Görichs, nach der eine Regionalisierung mittlerweile Begleitumstand der Erinnerung an die Staufer ist, auch über Nationalgrenzen hinweg. Von einer Entpolitisierung staufischer Erinnerung, wie Görich sie ebenfalls postuliert, kann jedoch nicht die Rede sein. Für alle involvierten Würdenträger bieten die Feierlichkeiten eine Möglichkeit zur vorteilhaften Repräsentation und zur Pflege von gelebter Völkerverständigung. Je nach politischer Ausrichtung kann die eigene politische Linie so auch historisch bestätigt werden. Für die ausrichtende Kommune hat die Stelenerrichtung auch eine Marketingfunktion. Die Stadt erfährt eine mediale Aufmerksamkeit; viele Zuschauer in Italien wollen das unterhaltende Rahmenprogramm miterleben und durch die Säulen werden die Städte langfristig kulturtouristisch aufgewertet.

Isabelle Luhmann, Die Staufer in der populären Geschichtskultur. Ein Rezeptionspanorama seit den 1970er Jahren, Bielefeld: trancript 2021, S. 386 f.

Training

Eine Website erschließen und prüfen

Begriffsklärungen:

Homepage: Eigentlich Bezeichnung für die Startseite einer Webpräsenz. Oft wird der Begriff aber für einen Webauftritt insgesamt verwendet.
Website: Bezeichnung für die gesamte Webpräsenz unter einer Adresse im Word Wide Web (WWW).
Webseite: spezielle Unterseite einer Website

Es gibt keine Kontrollinstanz für die Veröffentlichung von Inhalten im Internet, jeder darf hier seine Meinung kundtun. Daher muss die Vertrauenswürdigkeit überprüft werden. Folgende Aspekte und Kriterien können dabei helfen:

Betreiber/Herausgeber/Verfasser
- Wer betreibt das Internetangebot? Wer ist für die Website verantwortlich? (Angaben hierzu finden sich im Impressum der Website.)
- Handelt es sich um ein Angebot einer öffentlichen Einrichtung (Behörde, Museum), eines privaten Unternehmens oder einer Privatperson?
- Wer hat den Text/die Seite verfasst?
- Ist der Verfasser vertrauenswürdig? (Ausbildung, Fachkompetenz usw.)
- Findet sich Werbung auf der Website oder ist sie frei von Werbung?

Adressaten/Zielpublikum
- Für wen/für welches Zielpublikum wurde die Seite geschrieben (z. B. Allgemeinheit, Schuler, Studierende, Wissenschaftler, besondere Gruppen ...)?
- Gibt es Hinweise, die auf das Zielpublikum schließen lassen (Umfang, Schwierigkeitsgrad, Begrifflichkeit, Gestaltung ...)?

Aufbau und Gestaltung
- Wie ist die Website aufgebaut und gestaltet? Welche Webseiten enthält sie?
- Ist der Aufbau übersichtlich und ansprechend? Findet man sich auf der Website und ihren Unterseiten zurecht?
- Sind die Texte fehlerfrei?
- Sind Links innerhalb der Website vorhanden? Sind sie sinnvoll angeordnet? Sind sie vertrauenswürdig?

Glaubwürdigkeit/Seriosität
- Welche Inhalte werden präsentiert?
- Sind die Inhalte der Website glaubwürdig?
- Wird nur eine einzige, ggf. einseitige Sichtweise vertreten?
- Gibt es Quellenangaben?
- Werden unüberprüfbare Behauptungen aufgestellt?
- Führen externe Links auf weitere, ergiebige Informationsquellen oder auf eher zweifelhafte Angebote?
- Wird von anderen Seiten auf die Website verwiesen?

Aktualität
- Von wann sind die Einträge?
- Ist ein Datum für die letzte Aktualisierung vorhanden?
- Sind die Informationen aktuell?

Aufgaben

1. Mittelalterrezeption: Thesen formulieren – Lernaufgabe

Formulieren Sie Thesen zu Formen und Funktion der Mittelalterrezeption. Dafür stehen Ihnen Materialien zu drei Beispielen zur Verfügung: die sogenannten Stauferstelen, ein Romanauszug sowie ein historisches Fest.

a) Erstellen Sie auf der Grundlage des Infotextes M3 eine Übersicht über verschiedene Formen der Mittelalterrezeption. Verwenden Sie dafür auch die GDB auf Seite 14.

b) Setzen Sie sich mithilfe der entsprechenden Aufgaben mit mindestens einem der genannten Beispiele auseinander und charakterisieren Sie jeweils die besondere Form und Funktion der Mittelalterrezeption.

c) Fassen Sie Ihre Ergebnisse in pointierten Thesen zusammen und präsentieren Sie diese.

M1–M11, GDB auf Seite 14

2. Mittelalterrezeption – die Stauferstelen

a) Beschreiben Sie die „Stauferstele“ in Rothenburg.

b) Recherchieren Sie im Internet weitere Informationen zu den Stauferstelen. Untersuchen Sie eine der verwendeten Websites. Ziehen Sie dazu den Trainingskasten „Eine Website erschließen und prüfen“ heran. Achten Sie besonders auf die Perspektive der Darstellung sowie den Umgang mit den Quellen.

c) Arbeiten Sie aus der Darstellung M2 die Funktionen der Stauferstelen heraus und erörtern Sie, ob diese Form der Erinnerung an die Staufer Ihrer Meinung nach angemessen ist.

M1–M2, Internet, Trainingskasten

Mittelalterrezeption

Stände	Kaiser	um 1200: kulturelle Blüte zur Zeit der Staufer
Adel	König	Mittelalter

M 3 Mittelalterrezeption – Infotext

Für eine Beschäftigung mit dem Thema jenseits der oft von Mythen und Klischees geprägten Populärkultur bedarf es zunächst einer Klärung: Wie lässt sich das Mittelalter zeitlich eingrenzen und inhaltlich bestimmen? Im Nachfolgenden werden dazu verschiedene Annäherungen an das Phänomen „Mittelalter“ vorgestellt.

a) Die Konstruktion des Begriffs „Mittelalter“:

„Mittelalter“ ist ein Begriff, der für Europa eine Epoche bezeichnet, die von etwa 500 bis 1500 n. Chr. andauerte. Den Menschen im Mittelalter war ihre Zugehörigkeit zu der so benannten Epoche natürlich nicht bewusst. Der Begriff selbst wurde im Humanismus um 1500 geprägt, um die Spanne zwischen dem Ende der Antike und dem geistigen Aufbruch der damaligen „neuen Zeit“ zu beschreiben. Das Mittelalter galt als „dunkler“, von Aberglauben und nicht vernunftgemäßen Vorstellungen und Verhaltensweisen geprägter Zeitabschnitt.

Ab dem 17. Jahrhundert wurde es üblich, die Vergangenheit in „Altertum“, „Mittelalter“ und „Neuzeit“ einzuteilen. Dabei handelte es sich um eine Wiederaufnahme älterer Dreiteilungen, mit denen die Geschichte fassbar gemacht werden sollte – die Antike wurde beispielsweise in ein „goldenes“, ein „silbernes“ und ein „bronzenes Zeitalter“ unterteilt. Periodisierungen sind ebenso Konstrukte wie die Geschichtsschreibung selbst, welche niemals eine vollständige Abbildung der Vergangenheit in ihrer Gesamtheit zu leisten vermag. Allerdings gibt es für Historikerinnen und Historiker gute Argumente, derartige Einteilungen vorzunehmen.

Eine wichtige Zäsur war das Ende der Antike, als sich um das Jahr 500 in Europa eine Verschiebung von der Welt des Mittelmeers zu neuen Zentren der Macht vollzog. Um 1500, am Ende des Mittelalters, verschoben sich die Machtverhältnisse innerhalb Europas sowie der Blick auf die Welt insgesamt erneut. Geht man von diesem Zeitrahmen aus, dann umfasste das Mittelalter rund eintausend Jahre. Selbstverständlich gab es innerhalb dieses langen Zeitraumes die unterschiedlichsten Entwicklungen im Hinblick auf Herrschaft, gesellschaftliche Gliederung, Bevölkerungsentwicklung, Religion, Umweltfaktoren, Klima und vieles mehr. Es lässt sich also nur sehr bedingt von „dem“ Mittelalter sprechen.

Überdies wurde bzw. wird auch der Blick der Historikerinnen und Historiker oft von zeitbedingten Erkenntnisinteressen geleitet. Dies kann dazu führen, dass die Betrachtung derselben historischen Person oder desselben Sachverhalts zu unterschiedlichen Ergebnissen oder Wertungen gelangt.

M 4 Darstellung des Mainzer Hoffestes von 1184

Barbarossa schlägt seine Söhne Heinrich und Friedrich von Schwaben auf dem Mainzer Hoffest zum Ritter. Buchmalerei aus der Sächsischen Weltchronik, 14. Jahrhundert

Schließlich können sowohl die individuellen Interessen der Untersuchenden als auch die eingesetzten Untersuchungsmethoden dazu führen, dass manche Aspekte der Vergangenheit ausgespart werden. Gelegentlich wird dies erst später erkennbar, beispielsweise spielten Umweltschäden, Klimaveränderungen oder Seuchen bei historischen Analysen in früheren Zeiten eine geringere Rolle als heute, wo man über differenziertere Untersuchungsmethoden und Erfahrungen verfügt.

b) Die Stauferzeit als Höhepunkt des deutschen Mittelalters:

In der Geschichtsschreibung wird dem Zeitalter der Staufer (1127 bis 1250) aus verschiedenen Gründen ein besonderer Platz zugewiesen. Zum einen hat das Herrschergeschlecht der Staufer Persönlichkeiten wie die Kaiser Friedrich Barbarossa (Regentschaft 1152–1190), Heinrich VI. (1190–1197) oder Friedrich II. (1212–1250) hervorgebracht, die das Reich mit ihrer Politik maßgeblich geprägt haben. Diese Kaiser beanspruchten die Herrschaft über die gesamte Christenheit und drängten den Einfluss der Päpste und der italienischen Städte entsprechend zurück.
In der Zeit der Staufer fand zudem ein gesellschaftlicher Wandel statt, der von der zunehmenden Bedeutung der Städte mit ihren Bürgerschaften und Bündnissen sowie einer Zunahme des Handels gekennzeichnet war. Die ausschließlich auf der Landwirtschaft beruhende Naturalwirtschaft kam an ihr Ende.
Die Staufer prägten mit ihren Städtegründungen das europäische Mittelalter maßgeblich. Ihre Zeit war zugleich der Zenit der ritterlichen Kultur. Nicht zuletzt an den Kreuzzügen wird der überragende Einfluss des Rittertums auf die gesamte Epoche deutlich. Der Mainzer Hoftag im Jahr 1184 stellte einen Höhepunkt der kaiserlichen Machtentfaltung und der ritterlichen Kultur dar. Von den Idealen des Rittertums künden auch die deutschsprachigen Dichtungen, die in jener Zeit eine Blüte erreichten. Spuren dieser Kultur finden sich bis heute in den Überresten von Burgen und anderen Baudenkmälern aus der Stauferzeit.

c) Die Konstruktion des Mittelalters in der Öffentlichkeit:

Von der Welt der Staufer mit ihren Herrschern, Rittern und neu entstehenden Städten geht bis heute eine starke Faszination aus. Diese zeigt sich unter anderem in dem Trend, sich Rittertum und mittelalterliche Festkultur in „Spektakeln" zu vergegenwärtigen. In der württembergischen Stadt Göppingen etwa wird regelmäßig ein „Stauferspektakel" veranstaltet. Es wirbt mit allem, was das Mittelalter auszumachen scheint: ein Mittelaltermarkt, altes Handwerk, Ritterturniere, Schaukämpfe und Lagerleben. Mittelalterspektakel finden sich aber nicht nur in Deutschland – die Faszination der ritterlichen Vergangenheit übergreift Länder und sogar Kontinente.
Heute finden sich historische Romane über das Mittelalter regelmäßig auf den Bestsellerlisten. Die Mittelalterbegeisterung zeigt sich nicht zuletzt auch an der Konjunktur des Fantasy-Genres, welches viele Elemente des Zeitalters aufnimmt. Zwischen Historie und Fantasy angesiedelte Geschichten bilden häufig die Grundlage für populäre Filme, Serien und Spiele.

M 5 „Mittelaltermarkt"
Plakat

M 6 „Die Staufer"
Gesellschaftsspiel

Mittelalterrezeption – einen historischen Stauferzeit-Roman untersuchen

M 7 Ein historischer Roman

In seinem Roman „Baudolino" beschreibt Umberto Eco die Begegnung seines Protagonisten Baudolino mit der Gräfin Beatrix von Burgund, die den staufischen Kaiser Friedrich Barbarossa heiraten sollte. Der Roman spielt zur Blütezeit der Staufer im 12. Jahrhundert (2001):

Der Kaiser war schon einmal verheiratet gewesen, hatte sich jedoch vor einigen Jahren von seiner Frau getrennt und wollte nun die Gräfin Beatrix von Burgund heimführen, die als Mitgift ihre Grafschaft bis hinunter zur Provence einbrachte. Bei einer so großen Mitgift werde es sich gewiss um eine Vernunftehe handeln, dachten Otto [von Freising] und Rahewin, und in diesem Geist machte sich Baudolino darauf gefasst, am Arm seines Adoptivvaters [Kaiser Friedrich Barbarossa] eine ältliche Jungfer zu sehen, deren Reize eher in den Gütern ihrer Vorfahren als in ihrer persönlichen Schönheit lagen. [...]
Als er nach Würzburg kam, entdeckte er, dass Beatrix von Burgund ein zwanzigjähriges Mädchen von außerordentlicher Schönheit war – zumindest kam sie ihm so vor, und kaum hatte er sie erblickt, konnte er keinen Muskel mehr rühren und starrte sie mit aufgerissenen Augen an. Sie hatte golden glänzendes Haar, ein makelloses schönes Gesicht, der Mund klein und rot wie eine reife Frucht, die Zähne weiß und regelmäßig, die Haltung aufrecht, der Blick bescheiden, die Augen klar. Züchtig und zugleich gewinnend in ihrer Rede, zarten Leibes und feingliedrig, schien sie im Glanz ihrer Anmut alle zu beherrschen, die sie umgaben. Sie verstand es – höchste Tugend für eine künftige Herrscherin –, ihrem Gatten untertan zu erscheinen, indem sie vorgab, ihn als ihren Herrn und Gebieter zu fürchten, aber sie war seine Herrin, wenn es darum ging, ihm ihren Willen als Gattin zu bekunden, was sie mit solcher Grazie tat, dass jede ihrer Bitten sogleich Gehör fand, als wär's ein Befehl. Wollte man noch etwas zu ihrem Lob hinzufügen, so könnte man sagen, sie war geübt im Lesen und Schreiben, gewandt im Musizieren und bezaubernd im Singen.

Umberto Eco, Baudolino (übers. von Burkhart Kroeber), München/Wien: Carl Hanser 2001, S. 63.

M 8 Eine wissenschaftliche Darstellung

Der Historiker Knut Görich schreibt über das Verhältnis von Friedrich Barbarossa zu seiner Ehefrau Beatrix (2011):

Die politisch-dynastischen Erwägungen, die diese Heirat bestimmt hatten, machen die Frage nach Liebe zwischen den Eheleuten eigentlich obsolet, erweisen sie zumindest aber als zutiefst anachronistisch. Das persönliche Verhältnis zwischen Beatrix und ihrem Gemahl bleibt im dunkeln, auf ihren vertrauten und privaten Umgang werfen die zeitgenössischen Quellen – anders als Umberto Ecos Roman „Baudolino" – keinerlei Licht. Dass der Dichter Gunther die Kaiserin als „stark durch Liebe und feste Dauer des Ehebundes" bezeichnet, ist schon die weitestreichende Nachricht überhaupt. [...]
In Barbarossas Urkunden wird Beatrix *dilecta* oder *dilectissima consors* genannt, also „geschätzte" oder „überaus geschätzte Gefährtin" [...]. Was davon dem Rang geschuldete Formel, was traditioneller Topos und was authentischer Ausdruck einer persönlichen Zuneigung gewesen sein könnte, ist nicht erkennbar. Immerhin: Zwei Mal – aber auch nur zwei Mal – wird Beatrix in den überlieferten Urkunden ihres Gemahls carissima consors genannt, „liebste Gefährtin". Diese Urkunden datieren vom 5. Oktober und vom 1. November 1164. Am 16. Juli desselben Jahres war Friedrich geboren worden, der erste Sohn. War also wenigstens das Wort carissima mehr als nur eine Formel? [...]
Aber die Wortkargheit der Quellen lässt selbst anläßlich des Todes seiner Gemahlin im Alter von wenig mehr als 40 Jahren kaum mehr als nur ganz formelhafte Wendungen über Barbarossas Trauer zu.

Knut Görich, Friedrich Barbarossa. Eine Biografie, München: C.H. Beck 2011, S. 260 f.

M 9 Staufer-Romane

Die Historikerin Isabelle Luhmann benennt Tendenzen in der Darstellung der Stauferzeit im Roman (2021):

Deutlich gestiegen ist jedoch seit den 2000er-Jahren die Zahl an historischen Romanen, die die Stauferzeit als eine faszinierende oder auch abschreckende, aber vor allem andere Zeit darstellen. [...]
Denn dieses Mittelalter ist nicht nur faszinierend, sondern auch abschreckend anders, eben schaurig-schön. Diese Tendenzen innerhalb der Stauferromane vor allem ab den 2000er-Jahren entsprechen und unterstreichen sehr deutlich die steigende Popularität des „fantastischen" Mittelalterbildes, wie es vor allem auch in anderen populären Medien und Genres der Geschichtskultur in der jüngsten Vergangenheit vermehrt zu finden ist.

Isabelle Luhmann, Die Staufer in der populären Geschichtskultur. Ein Rezeptionspanorama seit den 1970er-Jahren, Bielefeld: transcript 2021, S. 83.

Mittelalterrezeption – historische Feste am Beispiel der Landshuter Hochzeit

M 10 „Landshuter Hochzeit" 2023
Historisches Festspiel, Foto, 2009

Historisches Lexikon Bayerns

Epochen Themen Karte Medien Artikel Autoren Das Lexikon

Historisches Lexikon Bayerns durchsuchen
Erweiterte Suche

Landshuter Hochzeit, 1475

M 11 „Landshuter Hochzeit" im Historischen Lexikon Bayerns
Christof Paulus, in: https://www.historisches-lexikon-bayerns.de/Lexikon/Landshuter_Hochzeit,_1475 [letzter Zugriff: 07.07.2022].

Training

Historische Feste untersuchen

Eine beliebte Form der Erinnerung an das Mittelalter sind historische Feste. Ein sehr bekanntes Beispiel ist die Landshuter Hochzeit von 1475, die immer wieder mit großem Aufwand nachgespielt wird. Solche Beispiele gibt es in vielen Regionen des Freistaats. Um diese zu untersuchen kann man wie folgt vorgehen. Die Website M11 bietet zentrale Informationen für die Landshuter Hochzeit. Der Fragenkatalog ist aber auch auf andere Feste anwendbar.

Historisches Ereignis
- Welches historische Ereignis dient als Grundlage des Festes?
- Welche Informationen sind über das Ereignis gesichert?

Historisches Fest – Entstehung
- Seit wann gibt es das historische Fest?
- Wie kam es zur ersten Veranstaltung?

Historisches Fest – Träger
- Wer veranstaltet das Fest?
- Wie wird das Fest finanziert?

Historisches Fest – Ablauf
- Wie läuft das Fest ab?
- Wer ist beteiligt?
- Was ist der Höhepunkt?

Historisches Fest – Bedeutung
- Welche Bedeutung hat das Fest für die Beteiligten, welche für die Zuschauer?
- Trägt das Fest zur regionalen Identität bei? Inwiefern?

Historisches Fest – Beurteilung
- Wie ist das konkrete Fest zu beurteilen?
- Werden verlässliche historische Informationen vermittelt?
- Sind solche Feste eine angemessene Form der Erinnerung an Geschichte?

Aufgaben

1. **Mittelalterrezeption – einen historischen Stauferzeit-Roman untersuchen**
   a) Analysieren Sie die Darstellung der Beatrix und deren Beziehung zum Stauferkaiser im Ausschnitt aus dem historischen Roman (M7).
   b) Vergleichen Sie den Auszug M7 mit den Erkenntnissen der Wissenschaft (M8).
   c) Erörtern Sie anhand dieses Beispiels mögliche Funktionen von Geschichtsbildern in Romanen. Berücksichtigen Sie auch die Darstellung M9.
   → M7 – M9

2. **Mittelalterrezeption – historische Feste untersuchen**
   a) Untersuchen Sie das Fest zur Landshuter Hochzeit. Recherchieren Sie dafür im Internet, wie das Fest aktuell gestaltet wird. Verwenden Sie den Trainingskasten „Historische Feste untersuchen". Vergleichen Sie mit der Darstellung im „Historischen Lexikon Bayerns" (M11) und präsentieren Sie Ihre Ergebnisse.
   b) Einen Überblick über die Feste, die zum immateriellen Kulturerbe zählen, bietet https://www.ike.bayern.de/verzeichnis/index.html. Untersuchen Sie ein historisches Fest in Ihrer Region.
   → M10 – M11, Trainingskasten auf Seite 17, Internet

Erinnerung an die deutsche Kolonialgeschichte

Hitzige Diskussionen um die Umbenennung von Straßennamen, gestürzte Denkmäler einstiger „Kolonialhelden", die Rückgabe von Museumsbeständen, „postcolonial studies" an den Universitäten – sowohl das wissenschaftliche als auch das öffentliche Interesse an der deutschen Kolonialgeschichte und am Umgang mit ihr ist seit einigen Jahren stark gestiegen. Das war nicht immer so: Über viele Jahrzehnte spielte die deutsche Kolonialgeschichte keine besondere Rolle, sodass sogar von einer „kolonialen Amnesie" die Rede war. Aktuell stellen sich folgende Fragen: Wie ist der Umgang mit der Kolonialgeschichte beschaffen – und wie sollte er beschaffen sein? Welche Beziehung ergibt sich zwischen Erinnerung und Verantwortung?

M 1 Umbenennung einer Straße in München

Der Münchner Stadtrat beschloss 2006, die ehemalige „Von-Trotha-Straße" in „Hererostraße" umzubenennen, Foto, 2006.

M 2 Ende des Hereroaufstands

Überlebende des Hereroaufstands auf dem Marsch in die Zwangsarbeit, Foto, um 1907

M 3 Lothar von Trotha

Preußischer General der Infanterie (1848–1920; 1904–06 Oberbefehlshaber der Truppen in Deutsch-Südwestafrika), Foto, um 1906

M 4 Lothar von Trotha

In der Neuen Deutschen Biografie, einem Übersichtswerk über wichtige Persönlichkeiten Deutschlands, heißt es über Lothar von Trotha:

Zur welthistorisch interessanten Figur wurde T., inzwischen Generalleutnant, mit seiner Übernahme des Oberkommandos der Schutztruppe in Dt.-Südwestafrika am 19.5.1904 und des Gouverneursamts am 28.7.1904 während des Kriegs gegen die Herero. Auf seine Erfahrungen in Dt.-Ostafrika und China bauend, ging er von einem „Rassenkrieg" aus, der mit der Vernichtung eines der beiden Kriegsgegner enden würde. Frühzeitig initiierte er einen Vernichtungskrieg und befahl im Juni 1904, alle Widerstand leistenden Herero zu erschießen. Nach der gescheiterten Kesselschlacht am Waterberg (11.8.1904) ließ er die überlebenden Herero (einschließlich Frauen, Kinder und Greise) in die Omaheke-Halbwüste treiben und den Wüstensaum abriegeln. In seiner berüchtigten Proklamation vom 2.10.1904 legitimierte er den Völkermord und kündigte an, alle in Zukunft innerhalb Südwestafrikas angetroffenen Herero erschießen zu lassen. Reichskanzler →Bernhard v. Bülow (1849–1929) hob diesen „Schießbefehl" am 13.1.1905 jedoch auf und ordnete die Einweisung der Überlebenden in „Konzentrationslager" an. Das hinderte T. nicht daran, im seit Aug. 1904 tobenden Nama-Krieg ebenfalls eine Vernichtungsstrategie zu verfolgen. Da es ihm nicht gelang, das Land zu befrieden, wurde er im Nov. 1905 nach Deutschland zurückbeordert. Hier wurde er zwar mit dem Orden Pour le Mérite ausgezeichnet, erhielt diesen allerdings nicht vom Kaiser persönlich, weil er durch den erfolglosen Krieg in Südwestafrika in Ungnade gefallen war. 1906 trat T. in den Ruhestand. Im Reichstag wegen seiner brutalen Kriegsführung teils heftig kritisiert, stand Generalstabschef →Alfred v. Schlieffen (1833–1913) ebenso hinter ihm wie die Mehrzahl der unter ihm dienenden Offiziere.

Jürgen Zimmerer, „Lothar von Trotha", in: Neue Deutsche Biographie Bd. 26, Berlin: Duncker&Humblot 2016, S. 455f., https://www.deutsche-biographie.de/sfz134051.html [letzter Zugriff: 07.07.2022].

Training

Erklärung des Operators „Wiedergeben"

Sie sollen den Inhalt eines Materials (z. B. eines Textes, einer Statistik, einer Karte etc.) in Ihren eigenen Worten und auf das Wesentliche reduziert formulieren, sodass eine andere Person, die das Material nicht kennt, den Inhalt nachvollziehen kann. Das bedeutet nicht, dass Sie den Inhalt wortwörtlich nacherzählen, sondern, dass Sie die wichtigsten Informationen in Kürze sinngemäß zusammenfassen.

Formulierungshilfen

Der Text/die Quelle/die Erzählung (die Statistik/die Karte/das Bild etc.) thematisiert/handelt von ...
Es wird erzählt/erklärt/darüber berichtet/darüber informiert, dass ...
Der Autor/Die Autorin erzählt/berichtet/informiert darüber/behauptet/erklärt, dass ...
Laut .../nach Aussage von ...

Zur Verknüpfung deiner Aussage bei der Wiedergabe und Zusammenfassung von Inhalten

zu Beginn/zuerst/zunächst/dann/anschließend/daraufhin/außerdem/im Folgenden/abschließend/zum Schluss ...

Aufgaben

Auseinandersetzung mit der kolonialen Vergangenheit – Lernaufgabe

Verfassen Sie für die Schülerzeitung einen Artikel, in dem Sie über den Umgang Deutschlands mit seiner kolonialen Vergangenheit informieren und Ihre Position verdeutlichen. Die folgenden Aufgaben dienen Ihnen dabei als Hilfestellung:

a) Geben Sie den Inhalt der Darstellung M4 wieder. Verwenden Sie dafür den Trainingskasten auf dieser Seite.
b) Erläutern Sie den historischen Hintergrund. Verwenden Sie dafür auch die Seiten 24–25 zum deutschen Kolonialismus sowie die GDB auf Seite 20.
c) Erschließen Sie die Gründe für die Umbenennung der Von-Trotha-Straße in München und nehmen Sie dazu Stellung.
d) Recherchieren Sie in Ihrem Ort bzw. in der nächsten größeren Stadt nach Straßennamen oder Denkmälern, die an die Zeit des Kolonialismus erinnern. Überprüfen Sie auch, ob es Bemühungen zu Umbenennungen gibt bzw. ob diese bereits stattgefunden haben.
e) Setzen Sie sich, auch mithilfe der entsprechenden Aufgaben auf Seite 23, mit der Diskussion über das Humboldt Forum und über die Rückgabe von Kulturgütern auseinander.

→ M1–M11, Trainingskasten auf Seite 19, Internet

Erinnerung an die deutsche Kolonialgeschichte

Deutsches Kaiserreich	1871: Deutsche Reichsgründung	1914–1918: Erster Weltkrieg	Vertrag von Versailles	Entkolonialisierung

M 5 Deutschland als Kolonialmacht – Infotext

a) Deutschlands später Einstieg als Kolonialmacht:

Während andere europäische Großmächte wie Frankreich oder Großbritannien bereits ausgedehnte Kolonialreiche besaßen, erwarb Deutschland erst ab 1884 Kolonien, die „Schutzgebiete" genannt wurden. Der deutsche Reichskanzler Otto von Bismarck hatte dem Erwerb von Kolonien lange Zeit ablehnend gegenübergestanden. Dies änderte sich jedoch 1884 durch die Kongo-Konferenz in Berlin, die eine regelrechte Kolonial-Euphorie im Deutschen Reich auslöste. Insgesamt 14 Staaten koordinierten auf dieser durch Bismarck einberufenen Konferenz ihre territorialen Interessen in Afrika und beschleunigten die Kolonialisierung des Kontinents. Nach Bismarcks Rücktritt 1890 betrieb Deutschland unter Kaiser Wilhelm II. eine immer offensivere imperialistische Politik. Zugleich nahmen die internationalen Konflikte zwischen den Großmächten zu, womit ein Auf- und Wettrüsten einherging.

Zu den ersten deutschen Kolonien zählten Deutsch-Südwestafrika, Kamerun und Togo, etwas später folgten Deutsch-Ostafrika und noch einige pazifische Inseln sowie Kiautschou als kleines Pachtgebiet in China (vgl. die Karte auf dieser Doppelseite). Besondere Bedeutung kam Rohstoffen wie Palmöl und „Kolonialwaren" wie Elfenbein, Kakao, Kaffee oder Bananen zu, die aus den Kolonien nach Deutschland eingeführt wurden. Andererseits sollten die Kolonien aber auch als neue Absatzmärkte für deutsche Produkte dienen.

Die deutsche Herrschaft in den Kolonien und die Einwanderung deutscher Siedler führten oft zu erheblichen Konflikten mit den indigenen Völkern, etwa in Deutsch-Südwestafrika, dem heutigen Namibia. Zwischen 1904 und 1908 fand hier ein grausamer Völkermord an den Herero und Nama statt, der bis heute z. B. mit der Diskussion über mögliche Entschädigungen nachwirkt. Die deutsche Kolonialherrschaft endete völkerrechtlich 1919 durch die Bestimmungen des Versailler Vertrages.

M 6 „The World's Plunderers"

US-amerikanische Karikatur von Thomas Nast, 1885

b) Erinnerung an die deutsche Kolonialgeschichte:

In den 1990er-Jahren setzte mit der beginnenden Globalisierung eine Phase intensiver Beschäftigung mit der deutschen Kolonialgeschichte ein. Durch das Ende des Kalten Krieges und den Zusammenbruch des Ostblocks war die bisherige bipolare Weltordnung der Nachkriegszeit nun kein Ankerpunkt mehr: Das wiedervereinigte Deutschland musste sich neu in der Welt verorten, was sich auch auf die deutsche Erinnerungspolitik auswirkte, die bislang hauptsächlich durch die NS-Herrschaft und den Holocaust geprägt worden war.

c) Gründe für eine Neuausrichtung der deutschen Erinnerungskultur:

Zu einer veränderten Wahrnehmung und Bewertung der deutschen Kolonialgeschichte trug auch der spürbare Wandel der bundesrepublikanischen Gesellschaft durch die Immigration bei. Für stetig zunehmende Teile der Bevölkerung stellt die deutsche Nationalgeschichte kein ausreichendes oder zumindest kein selbstverständliches Identifikationsangebot mehr bereit. Hinzu kommt, dass Erinnerungspolitik zunehmend transnational und mit einer Vielzahl von Beteiligten ausgehandelt wird.

d) Die Neujustierung der deutschen Erinnerungskultur am Beispiel der Restitution der Benin-Bronzen

Der Umgang mit der imperialistischen Vergangenheit und dem kolonialen Erbe ist seit einigen Jahren Gegenstand intensiver Debatten in ganz Europa. Eines der prominentesten Beispiele dafür ist das Humboldt Forum in Berlin mit dem darin beherbergten Ethnologischen Museum, das im Jahr 2022 eröffnet wurde. Die Sammlung besteht aus über 500 000 Objekten aus Afrika, Amerika, Asien, Australien und der Südsee, von denen etliche aus der Zeit des Kolonialismus stammen. In vielen Fällen ist die Provenienz bis heute ungeklärt, vermutlich handelt es sich bei zahlreichen Exponaten um Raubkunst aus den ehemaligen Kolonien.
Ein Herzstück der Sammlung sind die sogenannten Benin-Bronzen. Diese stammen aus dem ehemaligen Königreich Benin, einer vorkolonialen, hoch entwickelten Monarchie, deren Hauptstadt im Südwesten des heutigen Nigeria lag. Fast alle der insgesamt 3000 bis 5000 Werke, die sich außerhalb Nigerias befinden, stammen aus einem Raubzug der Briten, mit dem diese sich 1897 für einen Überfall auf ihre Kolonialtruppen gerächt hatten. Die Benin-Bronzen wurden von den Briten versteigert und gelangten durch Ankäufe auch nach Deutschland. Etwa 1100 Objekte befinden sich in etwa 20 deutschen Museen. Lange Zeit wurde die Herkunft dieser geraubten Werke lediglich in Fußnoten unter dem Begriff „Strafexpedition“ erwähnt.
Nigeria fordert bereits seit den 1970er-Jahren die Rückgabe der Benin-Bronzen, stieß jedoch lange Zeit kaum auf Gehör. Im Frühjahr 2021 vereinbarte die Bundesregierung eine „substanzielle“ Rückgabe der Werke, im Oktober wurde dies ausgeweitet auf eine vollständige Übergabe der Eigentumsrechte an Nigeria. Dabei ist allerdings noch ungeklärt, ob tatsächlich alle Werke nach Nigeria überführt werden oder ob zahlreiche Objekte als Leihgaben in deutschen Museen verbleiben.

Unstrittig ist, dass die deutschen Museen durch diese Entscheidung im Umgang mit Objekten aus dem kolonialen Erbe nun vor einer „neuen Zeitrechnung“ stehen. Wesentlich ist dabei, dass die Restitution kolonialen Raubgutes keinen „Schlussstrich“ zieht, sondern als Startpunkt für eine intensive Zusammenarbeit zwischen den ehemaligen Kolonialmächten und den post-kolonialen Staaten angesehen wird.

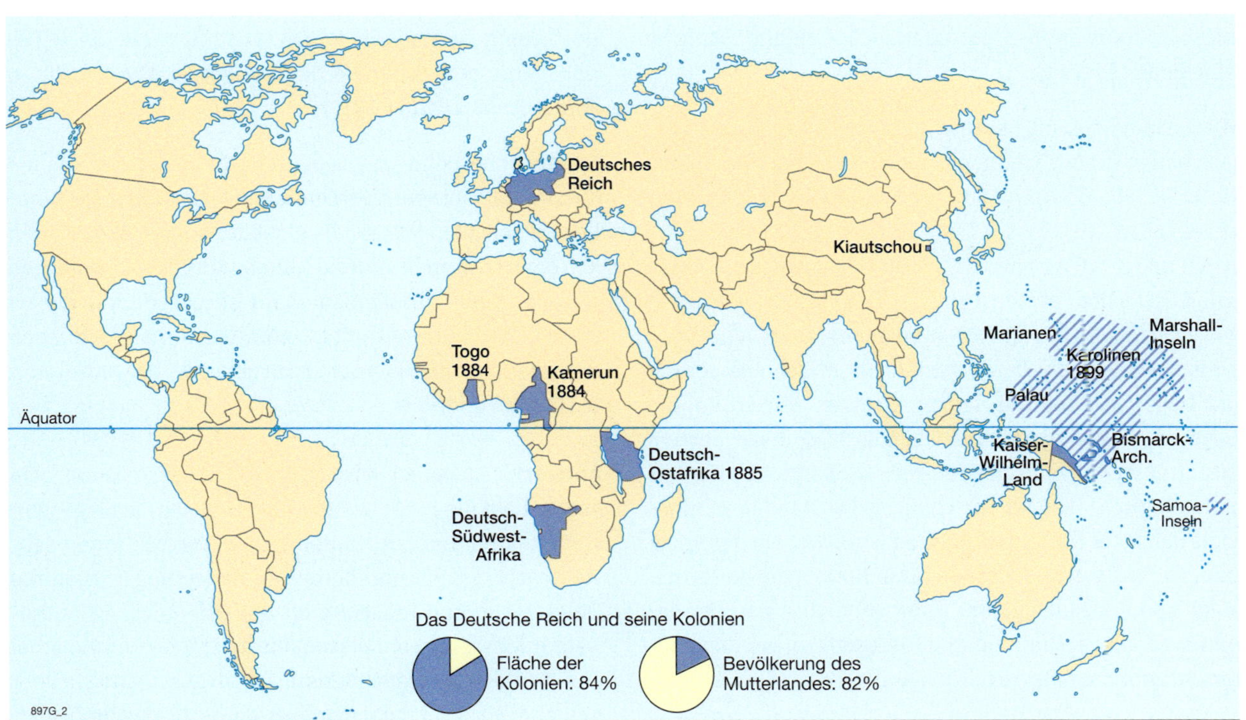

M 7 **Deutsche Kolonien vor 1914**

Erinnerung an die deutsche Kolonialgeschichte

Info

Exponate des Humboldt Forums im Internet

https://www.smb.museum/museen-einrichtungen/humboldt-forum/home/ (letzter Zugriff: Juni 2022)

M 8 Das Humboldt Forum in Berlin-Mitte

Foto, 2021

M 9 Gedenkkopf einer Königsmutter

Benin-Bronze im Ethnologischen Museum in Berlin, 16. Jahrhundert

M 10 Rückgabe der afrikanischen Kulturgüter

Beim Festakt zur Eröffnung der Ausstellungen des Ethnologischen Museums und des Museums für Asiatische Kunst der Staatlichen Museen zu Berlin am 22.9.2021 hielt die nigerianische Schriftstellerin Chimamanda Adichie eine Rede (Auszug):

Wir versammeln uns heute in diesem rekonstruierten Palast, einem Ort mit Schönheit, aber auch einem Ort, der die Nostalgie von Deutschland nach imperialen Zeiten widerspiegelt. [...]

Das Humboldt Forum wurde als Ort konzipiert, die universale Geschichte der Menschheit aus vielfältigen Perspektiven zu erzählen. Das ist eine anerkennenswerte Idee. Doch sie ist unvollständig. Denn, wiedermals, müssen wir uns mit der Frage nach Macht auseinandersetzen. Wer erzählt die Geschichte? Wer ist der*die Erzähler*in und wer der*die Erzählte? Wer hat entschieden, dass afrikanische Kunst als „Ethnologisch“ [d.h. als Forschungsgegenstand der Ethnologie und nicht der Kunst] markiert wird? Wer hat das Recht das „Andere“ auszustellen? [...] Eine Nation, die an rechtsstaatliche Prinzipien glaubt, kann unmöglich darüber debattieren, ob geraubte Güter zurückgegeben werden sollten. Sie gibt die Güter schlichtweg zurück.

https://www.humboldtforum.org/de/programm/digitales-angebot/digital/festrede-von-chimamanda-adichie-32872/ [letzter Zugriff: 07.07.2022].

M 11 Partizipation und Kooperation in Museen

Der renommierte Archäologe und ehemalige Leiter des Nationalmuseums von Kenia, George Abungu, über die Notwendigkeit neuer Ansätze im Bereich der Museumsgestaltung im globalen Süden. Das Interview führte Eliphas Nyamogo, Online-Redakteur am Goethe-Institut in München (Dezember 2019):

Frage: Ohne definierte Bedeutung oder Kontext können Kulturgüter ihren Wert verlieren. Einige der aus den ehemaligen Kolonien in Museen im globalen Norden verbrachten Kulturgüter werden dort aus ihrem Kontext gerissen und ohne Rücksicht auf die Bedeutung ausgestellt, die diesen Objekten in ihren Herkunftsgemeinschaften zugeschrieben wird. Was muss Ihrer Ansicht nach getan werden, um diesen Zustand zu ändern?

Antwort: [...] Meiner Ansicht nach gibt es nicht nur eine Antwort auf die Frage, wie wir uns in dieser Angelegenheit verhalten sollten. Im Norden haben Kurator*innen sehr viel Macht. Sie interpretieren die Bedeutung, stellen die Objekte aus und präsentieren der Öffentlichkeit ausgewählte Ausstellungen. Diesen Ansatz empfanden viele bei uns im Süden als problematisch. Es gab Ausstellungen über uns, ohne dass wir daran beteiligt waren. In diesem Zusammenhang ist die Antwort ganz einfach: Für mich ohne mich geht es nicht. Wenn ihr es für mich ohne mich macht, dann richtet ihr euch gegen mich. Wenn ihr mich und mein kulturelles Erbe in einer Ausstellung zeigen wollt, dann müsst ihr euch von mir beraten lassen! Die kurze Antwort darauf lautet also: Ko-Kuratierung.

Frage: Noch eine Frage zum vorangehenden Thema: Es gab Forderungen, Kulturgüter, die aus den ehemaligen Kolonien geraubt oder dort unrechtmäßig erworben wurden und heute in Museen im Westen ausgestellt werden, uneingeschränkt an ihre Herkunftsländer zurückzugeben. Die Gegner einer solchen Restitution führen an, dass es in einigen dieser Herkunftsländer keine geeignete Infrastruktur gäbe, die Sicherheit der Objekte also nicht gewährleistet werden könne. Wer sollte die Bedingungen für eine Restitution festlegen?

Antwort: Aus meiner Sicht wurde die Frage der Restitution missverstanden. Ich möchte in dieser Angelegenheit eines ganz klar hervorheben: Restitution oder „Rückgabe" bedeutet nicht, dass alle Museen im globalen Norden ausgeräumt und alle unrechtmäßig erworbenen Objekte in ihre Herkunftsgemeinschaften zurückgebracht werden. Auch wenn die Forderungen nach einer Restitution gerechtfertigt sind, gibt es sicherlich auch andere Möglichkeiten des Umgangs mit geraubten Kulturgütern. Allerdings bleiben wir dabei, dass es unser Recht ist, die Rückgabe dieser Objekte zu fordern. [...]

Tatsache ist, dass kein Museum im globalen Süden die Rückgabe aller geraubten Gegenstände fordert. Es geht ihnen lediglich um die Restitution von Objekten, die in ihren Herkunftsgemeinschaften über eine tiefe symbolische oder kulturelle Bedeutung verfügen.

Das von den Gegnern einer Restitution angeführte Argument, dass afrikanische Staaten und Museen im globalen Süden nicht über die Kapazitäten verfügen, um sich nach einer Rückgabe um die Kulturgüter zu kümmern, ist vollkommen haltlos. Als die Gegenstände entwendet wurden, befanden sie sich in der Obhut der Gemeinschaften und in einem guten Zustand. Wie kann es da sein, dass dieselben Gemeinschaften auf ihre Forderung nach einer Rückgabe dieser Gegenstände nun die Antwort erhalten, dass sie nicht über die Einrichtungen verfügen, um genau diese Gegenstände zu verwahren? [...]

Frage: Sie haben von Alternativen für die Restitution oder von neuen Ansätzen im Bereich der Museumsgestaltung gesprochen, die zu einer Stärkung der gesellschaftlichen Funktion von Museen beitragen können. Können Sie einige dieser Alternativen nennen?

Antwort: Die Restitution ist nur ein Element im weiter reichenden Diskurs über die Rolle von Museen und neue Konzepte in der Museumsarbeit. Meiner Ansicht nach haben wir uns so lange mit dem Thema der Restitution beschäftigt, weil es im globalen Norden Befürchtungen gab, dass dort viel von dem, was über viele Jahre vorhanden war, verloren gehen könnte. Das zentrale Element, das meines Erachtens viel mehr bewirken könnte, ist die Kooperation. Die Restitution ist nur ein kleiner Aspekt der Kooperation zwischen Museen im globalen Norden und im globalen Süden. Im Mittelpunkt sollte der Austausch von Ideen stehen. Wir sollten uns über das Materielle hinaus auch mit immateriellen Aspekten befassen und uns die Frage stellen: Wie können wir unser Wissen teilen? Ich setze mich für einen weiteren Ausbau der Zusammenarbeit zwischen Museen in Afrika und anderen Teilen des globalen Südens ein. Diese Museen haben viele Gemeinsamkeiten, können von einem gegenseitigen Austausch von Erfahrungen und Ideen profitieren und gemeinsame Strategien entwickeln, die dem afrikanischen Kontinent zugutekommen. Mein Traum wären Museen, die als Orte der Interaktion und des Dialogs Plattformen für die Begegnung von Kulturen aus allen Teilen der Welt bieten.

https://www.goethe.de/ins/sn/de/kul/mag/21929110.html [letzter Zugriff: 07.07.2022].

Info

Benin-Bronzen im Internet

Das Hamburger Museum am Rothenbaum (MARKK), das 179 Benin-Bronzen beherbergte und diese 2022 an Nigeria vollständig zurückgab, plant, alle weltweit verstreuten Benin-Bronzen auf einer digitalen Plattform zusammenzuführen. Digital Benin – MARKK (*markk-hamburg.de*)

Aufgaben

Das Humboldt Forum in der Kritik

a) Recherchieren Sie zu der Diskussion über die Ausstellung von Exponaten aus der Kolonialzeit im Humboldt Forum (www.humboldtforum.org/de/kolonialismus-und-kolonialitaet/). Berücksichtigen Sie dabei insbesondere die Benin-Bronzen.

b) Untersuchen und beurteilen Sie den Internetauftritt des Humboldt Forums in Berlin. Achten Sie auf die gewählte Perspektive und die verwendeten Quellen.

c) Diskutieren Sie am Beispiel des Umgangs mit der deutschen Kolonialgeschichte den Zusammenhang von Erinnerung und Verantwortung.

M8–M11, Internet

Aufgaben

Historischer Hintergrund – Wiederholung
Erstellen Sie auf Grundlage der Texte auf den Seiten 24 und 25 eine Grafik zur deutschen Kolonialpolitik. Stellen Sie Bezüge zu den Bildern auf diesen Seiten her.
→ Text auf den Seiten 24–25, Bilder M2–M3

M 1 „Deutsch-Südwest"

Der deutsche Kolonialismus in Südwestafrika

Der Südwesten Afrikas vor der Kolonialisierung

Der Südwesten Afrikas, das heutige Namibia, war und ist bis heute ausgesprochen dünn besiedelt. Namibia ist etwa zweieinhalbmal so groß wie die Bundesrepublik und hat heute etwa zwei Millionen Einwohner. Große Teile Namibias werden von Wüsten eingenommen – von der Namib entlang der Küste und der Kalahari im Nordosten des Landes. Der Rest ist überwiegend Savanne. Zur Landwirtschaft ist das Land weitgehend ungeeignet. Auf dem Gebiet der späteren Kolonie lebten mehrere Volksgruppen, sechs größere (San, Herero, Nama, Damara, Himba und Ovambo) sowie einige kleinere. Die San sind die älteste Volksgruppe, sie waren Buschleute. Die Ovambo, Himba und Damara lebten überwiegend im Norden und waren sesshaft. Die erst im 17. Jahrhundert von Süden her zugewanderten Nama waren Nomaden, also Jäger und Sammler. Die Herero waren als Viehzüchter Halbnomaden, die mit ihren Herden aufgrund der Witterungsbedingungen oft das Weideland wechseln mussten. Zwischen den Völkern, besonders zwischen den Nama und den Herero, gab es immer wieder Konflikte um das knappe Weideland.

Der Südwesten Afrikas wird deutsche Kolonie

Für die Europäer war das karge Land lange Zeit bedeutungslos. Lediglich die Walfish Bay, eine kleine Bucht an der Küste, wurde von der britischen Krone als Stützpunkt für die Seefahrt in Besitz genommen. 1883 erwarb der Bremer Kaufmann Adolf Lüderitz einen Küstenstreifen südlich der Walfish Bay, die heute nach ihm benannte Lüderitzbucht. Kurze Zeit darauf ersuchte er die deutsche Regierung um Schutz, weil er eine englische Intervention befürchtete. Ein Jahr später erfolgte eine Schutz-Zusage durch die deutsche Reichsregierung, mit der zugleich der deutsche Kolonialismus begann.

Ab 1890 übernahm der deutsche Staat die Kolonialverwaltung. Er ließ Siedlungen und eine Eisenbahnlinie zur Erschließung des Landes bauen. Kurz darauf setzte auch der Zuzug von deutschen Kolonialbeamten, Farmern, Kaufleuten, Handwerkern und Missionaren ein. Bis 1903 stieg die Zahl weißer Siedler auf 4700, bis 1914 auf 12000. Obwohl noch heute zahlreiche Menschen in Namibia deutsch sprechen, verweisen diese Zahlen auf die eher untergeordnete Bedeutung Deutsch-Südwestafrikas als Siedlungskolonie.

Die Besiedlung führte gleichwohl zu erheblichen Konflikten mit den indigenen Völkern. Der deutsche Gouverneur Theodor Leutwein versuchte zwar, die Unterordnung der einheimischen Bevölkerung durch Kooperation mit den Stam-

M 2 **Deutsche Soldaten in Südwest-Afrika**
Foto, 1904

mesführern und behutsame Vorgehensweise zu erreichen, wodurch er Vertragsabschlüsse über Gebietserweiterungen erzielte. Doch die Viehzucht der weißen Siedler brachte vor allem für die Nama und Herero zahlreiche Probleme mit sich: Das Land war nicht für eine sesshafte Viehzucht geeignet. Die Savanne war schnell abgegrast und verwüstet, woraufhin die Viehzüchter bald mehr Land benötigten. Dieses Land fehlte dann sowohl den Herero als auch den Nama. 1897 führte eine Rinderpest zur Eskalation der Lage: Die Herero verloren ihre Herden und damit ihre Lebensgrundlage, wodurch sie in Abhängigkeit von den Siedlern gerieten.

Der Kolonialkrieg gegen die Herero und Nama

1904 lehnten sich die Herero unter der Führung von Samuel Maharero gegen die deutsche Kolonialmacht auf, kurz darauf auch die Nama unter Hendrik Witbooi. Sie griffen deutsche Farmen an und tötete ungefähr 125 deutsche Siedler. Da die deutschen „Schutztruppen" vor Ort nicht in der Lage waren, die Revolte niederzuschlagen, wurden aus Deutschland 14 000 zusätzliche Soldaten unter dem Kommando des Generalleutnants Lothar von Trotha (1848 – 1920) entsandt. Leutweins Politik der Kooperation galt als gescheitert. Trotha setzte auf unbarmherzige Härte gegen die indigene Bevölkerung und bedingungslose Unterordnung. Unter seiner Führung besiegten die Kolonialtruppen die Herero und die mit diesen verbündeten Nama am 11. August 1904 in der Schlacht am Waterberg. In einem Ultimatum forderte Trotha die Herero auf, das Territorium zu verlassen. Die meisten Herero flüchteten daraufhin in die Kalahari-Wüste, wo Trotha ihnen die Nahrungs- und Wasserversorgung abschneiden ließ. Dies führte zu einem Massensterben durch Verhungern und Verdursten. In seinem Bericht schrieb Trotha 1906: „Die wasserlose Omaheke (Kalahari-Wüste) sollte vollenden, was die deutschen Waffen begonnen hatten: Die Vernichtung des Hererovolkes." Die Brutalität Trothas löste nicht nur im Deutschen Reich allgemeines Entsetzen aus. Grobe Schätzungen belaufen sich auf 65 000 getötete Herero (80 Prozent des Volkes) und 10 000 getötete Nama (50 Prozent des Volkes). Die Ereignisse gelten heute als erster Völkermord im 20. Jahrhundert.

M 3 Hendrik Witbooi
Häuptling der Nama, Foto, 1904

Von 1906 bis 1919: Die letzten Jahre der deutschen Kolonie

Die wenigen Überlebenden des Vernichtungskrieges wurden auf Atlantikinseln in Konzentrationslager verbracht. Hier setzte sich das Massensterben fort, denn die Inseln waren feucht und kalt, hatten also ein völlig anderes Klima als die Nama und Herero gewohnt waren. Auch die übrigen Völker Namibias gerieten nunmehr in eine totale Abhängigkeit von den deutschen Kolonialbehörden. Man untersagte ihnen den Landerwerb, schränkte die Mobilität drastisch ein und verordnete eine Passpflicht. Ein allgemeiner Arbeitszwang sollte aus den Afrikanern nach der Zerstörung ihrer Stammesstrukturen eine (Farm-)Arbeiterklasse machen.

Mit der Entdeckung reicher Diamantenfelder nahm die Kolonie ab 1906 einen wirtschaftlichen Aufschwung. Der deutsche Staat profitierte von Zolleinnahmen und Förderabgaben; der Ausbau der Infrastruktur (Eisenbahnen, Straßen und Hafenanlagen) ging voran. Gleichwohl blieb die wirtschaftliche Bedeutung der Kolonie bis zum Vorabend des Ersten Weltkrieges gering.

Die deutsche Kolonialgeschichte in Südwestafrika endete 1915 mit der Kapitulation der deutschen Truppen vor südafrikanischen Einheiten. Völkerrechtlich wurde der Verlust der Kolonien durch den Versailler Vertrag (1919) besiegelt.

Holocaust-Erinnerung

1979 wurde im deutschen Fernsehen die US-amerikanische Fernsehserie „Holocaust“ gezeigt. Der Vierteiler zeigt die nationalsozialistische Judenverfolgung am Beispiel von Familiengeschichten. Im Mittelpunkt steht die jüdische Familie Weiss. Die Ausstrahlung führte zu einer intensiven öffentlichen Debatte über die Auseinandersetzung mit dem Nationalsozialismus und über die dafür geeigneten Formen. Was war das Besondere dieses Fernsehereignisses?

M 1 „Holocaust“
Die Schauspielerin Meryl Streep als Inga Helms Weiss in einer Filmszene der US-amerikanischen Fernsehserie

M 2 Sequenzen aus „Holocaust“

a) Ab 1.30[1]*:*

Am Rande eines Ortes im deutsch-polnischen Grenzgebiet treiben Mitglieder der Wehrmacht unter Aufsicht der SS eine jüdische Gemeinde zusammen. Sie sperren einen Teil der Jüdinnen und Juden gegen deren Widerstand in die aus Holz gebaute örtliche Synagoge und stecken das Gebäude in Brand. Unter Wehklagen der übrigen Jüdinnen und Juden verbrennt die Synogoge. Teilnahmslos sehen die Soldaten der Wehrmacht und die SS-Männer zu.

b) Ab 3.53[1]*:*

Im Beisein des fiktiven SS-Manns Erik Dorf wird der Reichsführer SS Heinrich Himmler Augenzeuge, wie russische Juden erschossen werden, was Himmler Übelkeit verursacht. Daher trägt er Reinhard Heydrich auf, nach einer wirkungsvolleren Vernichtungsmethode zu suchen. Anschließend verlassen die beiden SS-Anführer den Ort der Ermordung.

1 Zeitangaben nach der Gesamtversion.

Training

Erklärung des Operators „Analysieren“

Sie sollen ein Material (Text, Bild, Statistik, Karte etc.) gezielt auf einzelne Merkmale (z. B. Inhalt, Sprache) hin untersuchen. Der Arbeitsauftrag gibt Ihnen oft genauere Hinweise dazu, worauf Sie genau achten bzw. welche Aspekte Sie genau erforschen, prüfen und herausarbeiten sollen.
Anschließend müssen Sie die Ergebnisse Ihrer Analyse zusammenhängend und für andere nachvollziehbar formulieren. Das heißt, Sie müssen diese in eigenen Worten erklären und mit geeigneten Stellen aus dem Material (z. B. Textstelle/Zeile bzw. Zitat) belegen und erläutern können. Wörtliche Zitate werden an- und abgeführt („Zitat“) und mit Hinweisen auf die Zeile versehen (siehe Zeilenzähler).

Formulierungshilfen
Aus dem Text (der Statistik, der Karte, dem Bild) kann man entnehmen, dass ..., weil ...
Anhand der Aussage ... ist zu erkennen, dass ..., weil ...
Die Textstelle ... zeigt, dass ..., weil ...
Es ist erkennbar, dass ..., weil ...
Es wird deutlich/ersichtlich, dass ..., weil ...
Das heißt, dass ...
Damit ist gemeint, dass ...

Aufgaben

„Holocaust“ – ein Fernsehfilm

a) Ordnen Sie den beiden Szenenbeschreibungen in M2 historischen Ereignissen zu. Verwenden Sie dafür den Wiederholungstext auf den Seiten 38/39.
b) Untersuchen Sie die Szenenbeschreibungen darauf, ob die TV-Serie die Geschichte des Holocaust dramatisiert oder dokumentiert.
c) Analysieren Sie die Kommentare (M3, M4) und arbeiten Sie die Positionen der Verfasser heraus. Verwenden Sie dafür den Trainingskasten auf Seite 26.
d) Vergleichen Sie die vorgebrachten Positionen im Hinblick auf den Umgang mit dem Holocaust in der Serie „Holocaust“.
e) Beziehen Sie kritisch Stellung zur Diskussion über die Serie „Holocaust“ aus Ihrer heutigen Sicht.

→ M1–M4, Trainingskasten

Filmkritiken zur Serie „Holocaust“

M 3 „Objektiv und gut gearbeitet“

Der Fernsehautor Leopold Ahlsen schreibt in der Tageszeitung „Die Welt“ über die Fernsehserie „Holocaust“am 27.01.1979:

1. Es wäre unsere Aufgabe gewesen, dieses Thema aufzuarbeiten; wir haben es politisch-moralisch nicht geschafft und künstlerisch nicht versucht. Als Schreibender klopfe ich an die eigene Brust.
2. Der negativen Vorausreklame zum Trotz: Die Serie ist vom Buch und von der Realisation her überdurchschnittlich gut gearbeitet. Nicht schlackenlos [mit Beiwerk angereichert] ohne Makel, versteht sich, aber wieso sollte etwas makellos sein müssen, nur weil es unsere Schande ausposaunt, wo doch auch sonst nichts makellos ist? Vorurteile im Dienst der Verdrängung?
3. Die Serie gibt sich zum Erstaunen objektiv, unpolemisch. Ohne Zweifel, wir Deutschen machen keine gute Figur in dem Spiel. Wir haben zwölf Jahre lang in der Wirklichkeit keine gute Figur gemacht.
4. Die Serie ist aufs Gewissenhafteste recherchiert. Fehler unterlaufen, doch nur bei ganz und gar randständigen Arabesken [Details/Verzierungen]. Übrigens, wen angesichts solcher Leiden nichts anderes ankommt als kleinliche Detailfuchserei, der, mit Verlaub, hat das Gemüt eines Metzgerhundes.
5. Ähnlich jene, die mit der geschmäcklerischen Eile ästhetischer Feinsinnigkeit daherkommen: So viel gepflegter Geschmack ist selbst schon eine Geschmacklosigkeit. Wäre man vor 40 Jahren ein wenig feinsinniger gewesen, bräuchte man es womöglich heute nicht zu sein.
6. Zartbesaitete stöhnen: Diese Serie häuft ein Gräuel auf das andere; nicht genug mit der Kristallnacht, nicht genug mit Buchenwald, auch noch die Krankenmorde von Hadamar obendrauf ... Gerade so ist es gewesen: nicht genug mit der Kristallnacht, mit Buchenwald, sondern auch noch die Krankenmorde von Hadamar obendrauf.
7. Nicht die Serienverfasser haben diese Gräuel erfunden – wir haben sie verübt. Und es sind keine nachgestellten gewesen, sondern solche am lebendigen Fleisch.
8. Denn ohne Auschwitz kein Auschwitzfilm: Nicht die Darstellung der Verbrechen beschmutzt uns, die Verbrechen selbst haben es getan.
9. Verübt wurden diese Untaten von wenigen. Aber das Zufügen von Leiden geduldet, es durch Feigheit gefördert, haben die meisten. Schlimm, wenn wir heute noch zu feige wären, wenigstens im Nachhinein hinzusehen, zu feige für ein wenig Reue, wenig Scham.
10. Nein, Herrschaften, dieser Film ist uns sehr nötig. Uns allen. Auch mir.

Leopold Ahlsen, „Objektiv und gut gearbeitet‘; in: Die Welt vom 27.01.1979, S. 24.

M 4 „An Peinlichkeit nicht zu überbieten.“

Der Fernsehautor Robert Stromberger schreibt ebenfalls in der „Welt“ am 27.01.1979 über die Serie:

Es gibt eine Dimension des Leides, die sich der szenischen Nachgestaltung entzieht. Es existieren Dokumentaraufnahmen, deren Eindringlichkeit das Maß des Erträglichen fast übersteigt. Diese Aufnahmen zu zeigen, in der Absicht zu verhindern, dass sich jemals auch nur ansatzweise Vergleichbares wiederholt, das ist legitim, das ist notwendig. Das Schicksal von Millionen ermordeter Juden aber filmisch vermarktet zu sehen, ist an Peinlichkeit nicht mehr zu überbieten. Wenn dies obendrein unter dem Vorwand der Vergangenheitsbewältigung geschieht, dann muss die Frage erlaubt sein, wie sich Filmserien ähnlicher Machart ausnähmen, die sich als Vergangenheitsbewältigung mit dem Grauen der Bombennächte, dem unermesslichen Leid von Hiroshima oder den Gräueltaten in Indochina beschäftigen. Wenn einer amerikanischen Filmgesellschaft nichts Besseres einfällt, um der Konkurrenzfirma gegenüber ihre Einschaltquoten zu steigern, so ist das Sache dieser Filmgesellschaft. Das deutsche Fernsehen sollte verhindern, dass nach einer Welle der Horrorfilme nun quasi als Steigerung eine Welle filmischer Vergangenheitsbewältigung über uns kommt.

Um keinen Irrtum aufkommen zu lassen: Bei Hitlers „Machtergreifung“ war ich noch keine drei Jahre alt. Ich habe also mit den Verbrechen des „Dritten Reiches“ nichts gemein. Ich habe im Krieg gelitten wie viele andere auch, ich habe geliebte Menschen verloren wie andere. Ich gehöre zu einer Generation, die in den Jahrzehnten nach dem Krieg vieles getan hat, um dem Namen der Deutschen wieder einen besseren Klang zu geben, als tätige Wiedergutmachung.

Vergangenheitsbewältigung kann nicht permanent sein. Wann aber endet sie?

Ich meine dann, wenn die Vergangenheit zur Geschichte wurde. Geschichte aber sollte nicht verdrängt, sie sollte gelernt werden. Auschwitz gehört ebenso zum Bild der deutschen Geschichte wie die Männer um Graf Stauffenberg. Die haben die jüngeren Generationen zu lernen, zu bewältigen haben sie ihre Gegenwart.

Robert Stromberger: „An Peinlichkeit nicht zu überbieten“; in: Die Welt vom 27.01.1979, S. 24.

Holocaust-Erinnerung

Holcaust bzw. Shoa

Antisemitismus

„Nürnberger Gesetze“

30. Januar 1933: Hitler Reichskanzler

„Volksgemeinschaft“

Ghetto

Bürger

Konzentrations- und Vernichtungslager

Nationalsozialismus

Training

Erklärung des Operators „Beurteilen“

Sie haben zu einem historischen Thema umfangreiche Informationen erarbeitet, z. B. unterschiedliche Perspektiven von beteiligten Zeitgenossen und Erkenntnisse von Historikerinnen und Historikern. Nun sollen Sie selbst eine eigene Beurteilung formulieren. Diese müssen Sie mit passenden Argumenten begründen und durch ebenfalls passende Fakten oder Beispiele belegen.

Der Operator „beurteilen“ fordert Sie auf, ein historisches **Sachurteil** zu fällen. Das bedeutet, dass Sie einen historischen Sachverhalt beurteilen sollen: Aus welchen Gründen, mit welchen Absichten und mit welchen Folgen haben die Menschen in der Vergangenheit so gehandelt? Ist die Sichtweise des Textes auf den historischen Sachverhalt zutreffend? In welchen Punkten kann ich zustimmen und in welchen eher relativieren?

Formulierungshilfen

Ich gelange zu dem Urteil, dass ...
Abschließend/Insgesamt lässt sich sagen/beurteilen, dass ...
Ein Grund dafür ist, dass ...
Ein Argument, das für meine Position spricht, ist, dass ...

Aufgaben

1. **Holocaust**
   a) Stellen Sie dar, wie es zur systematischen Ermordung der europäischen Juden kam. Verwenden Sie dafür die Seiten zum historischen Hintergrund (Seite 36–39) sowie die auf dieser Seite genannten GDB.
   b) Zeigen Sie auf, welche Bedeutung der Holocaust im Rahmen des Nationalsozialismus hatte.
   GDB, Seite 36–39
2. **Holocaust-Erinnerung**
   a) Fassen Sie wichtige Stationen der Erinnerung an den Holocaust zusammen.
   b) Erläutern Sie beispielhaft traditionelle und neue Formen der Erinnerung an den Holocaust.
   c) Erklären Sie anhand von Beispielen die im Infotext M5 genannten Begriffe Universalisierung, Individualisierung und Pluralisierung der Holocaust-Erinnerung.
   d) Beurteilen Sie diese Tendenzen der Holocaust-Erinnerung. Verwenden Sie für die Beurteilung den Trainingskasten auf dieser Seite.
   Infotext M5, Trainingskasten

M 5 Holocaust-Erinnerung – Infotext

a) Stationen der Erinnerung in Deutschland:

Die Erinnerung an den Nationalsozialismus begleitete die Bundesrepublik seit ihrer Gründung. Dabei gab es verschiedene Entwicklungen und Phasen. Es änderten sich die Schwerpunkte sowie die Formen und Medien. Unmittelbar nach dem Krieg konfrontierten die Besatzungsmächte die Bevölkerung mit dem Grauen der Konzentrationslager – durch Besuche der Lager, durch Plakate und durch Filme. Nach den beiden deutschen Staatsgründungen stand in der Bundesrepublik die systematische Ermordung der europäischen Jüdinnen und Juden nicht im Mittelpunkt des Erinnerns. Gleichwohl gab es immer wieder Anlässe, sich mit diesem Menschheitsverbrechen auseinanderzusetzen und der Opfer zu gedenken. So wurden etwa seit den 1950er-Jahren KZ-Gedenkstätten errichtet. Das Tagebuch der Anne Frank, in dem die junge Jüdin über ihr Leben in einem Versteck in den Niederlanden berichtete, stieß auf große Resonanz. Auch gab es Erlebnisberichte von ehemaligen Häftlingen und schon bald Dokumentarfilme wie „Nacht und Nebel“ aus dem Jahr 1956.

Ein wichtiger Einschnitt war die Ausstrahlung der Fernsehserie „Holocaust“ im Jahr 1979. In ihr wird das Schicksal der jüdischen Familie Weiss zurzeit des Nationalsozialismus als Spielfilm gezeigt. Sie konfrontierte die deutsche Bevölkerung mit der Judenverfolgung und dem Judenmord und führte zu einer intensiven öffentlichen Diskussion. Im Folgenden konzentrierte sich die Erinnerung an den Nationalsozialismus auf den Holocaust. Dieser griechische Begriff, der „Brandopfer“ bedeutet, wird seitdem für die systematische Ermordung der europäischen Jüdinnen und Juden in Deutschland verwendet. Alternativ, aber seltener, begegnet die hebräische Bezeichnung Shoah für „Untergang“, „Katastrophe“. In den 1980er-Jahren wurde das Erbe des Nationalsozialismus intensiv diskutiert. 1985 hielt der damalige Bundespräsident Richard von Weizsäcker eine viel beachtete Rede, in der er das Kriegsende als Tag der Befreiung bezeichnete, die deutsche Verantwortung betonte und für das Wachhalten der Erinnerung an den Holocaust plädierte. Drei Jahre später führte die Gedenkrede des Bundestagspräsidenten Philipp Jenninger zum 50. Jahrestag des Novemberpogroms zu einem Skandal: Ihm wurde eine Verharmlosung des Holocaust vorgeworfen. In diesen Jahren

M 6 Berliner Denkmal für die während der NS-Zeit ermordeten Juden Europas

Foto, 2007

Holocaust-Erinnerung

wurde im sogenannten Historikerstreit öffentlich über die Singularität des Holocaust debattiert, also darüber, ob die systematische Verfolgung und Ermordung der europäischen Jüdinnen und Juden historisch einzigartig seien.

Seit der Wiedervereinigung ist in Berlin eine ganze Reihe von zentralen Gedenk- und Erinnerungsorten entstanden, z. B. das 2005 nach langen und intensiv geführten Diskussionen errichtete Denkmal für die ermordeten Juden Europas. Im Jahr 1996 erklärte der damalige Bundespräsident Roman Herzog den 27. Januar zum Holocaust-Gedenktag. An diesem Tag waren im Jahr 1945 die Häftlinge des Konzentrationslagers Auschwitz von der Roten Armee befreit worden. Daneben war in den letzten Jahren auch eine zunehmende Bereitschaft bei Behörden, Verbänden und Unternehmen zu erkennen, die eigene Rolle während der NS-Diktatur aufzuarbeiten. In der wissenschaftlichen Auseinandersetzung mit dem Nationalsozialismus existiert nach wie vor ein breites Spektrum unterschiedlicher Erklärungen und Deutungen.

An diesem kurzen Überblick zeigt sich, dass die Erinnerung an den Holocaust einerseits auf traditionelle Formen zurückgreift wie zum Beispiel Gedenkreden. Andererseits spielten in der öffentlichen Wahrnehmung immer wieder auch neue Formen eine Rolle. So war die Darstellung der systematischen Ermordung der europäischen Jüdinnen und Juden als Spielfilm vor dem Erscheinen der Serie „Holocaust“ unbekannt. Auch das Holocaust-Mahnmals in Berlin suchte nach neuen Formen der Erinnerung. In der Gegenwart spielen Internet-Angebote eine immer größere Rolle. Was dabei als traditionell und was als neu gelten kann, muss immer wieder erörtert werden.

b) Tendenzen der Erinnerung:

Überblickt man die hier nur kurz skizzierte jahrzehntelange Entwicklung, lassen sich einige übergreifende Tendenzen feststellen.

Universalisierung:

In der öffentlichen Gedenkkultur der Bundesrepublik Deutschland kommt dem Holocaust eine zentrale Stellung zu. Zugleich zeichnet sich im europäischen Rahmen seit den 1990er-Jahren eine Entwicklung ab, die den Holocaust als einen „moralischen Imperativ“ versteht, der Verantwor-

M 7 Gedenkstunde für die Opfer des Nationalsozialismus im Deutschen Bundestag

Klaus Schirdewahn, ein Vertreter der LGBTQIA+-Community, spricht bei der Gedenkstunde für die Opfer des Nationalsozialismus im Deutschen Bundestag, Foto, 27. Januar 2023.

tung für die Zukunft anmahnt und zu Demokratie und Toleranz auffordert. Einen Höhepunkt dieser Entwicklung bildete das „International Forum on the Holocaust“, das im Januar 2000 in Stockholm tagte und auf dem Politiker, Wissenschaftler und Zeitzeugen aus 47 Ländern über wissenschaftliche Erkenntnisse und pädagogische Konzepte zur Vermittlung von Lehren aus dem Völkermord diskutierten. Die Stockholmer Deklaration hebt die universelle Bedeutung des Holocaust hervor. Im Gegensatz zu einer Sichtweise, die den Holocaust als eine von deutschen Tätern herbeigeführte jüdische Katastrophe begreift, wird der Holocaust aus universalistischer Perspektive als allgemeine Katastrophe gedeutet, als „Zivilisationsbruch“ (Dan Diner), als ein Verbrechen, das Menschen an Menschen begangen haben. Dabei geht es nicht mehr allein um Opfer und Täter, sondern um abstraktere Kategorien wie „Völkermord“ und „Verbrechen gegen die Menschheit“. So soll der Holocaust als Mahnung zur Verhinderung anderer Völkermorde dienen.

Individualisierung:

Die Geschichte des Holocaust wird immer seltener als eine Abfolge von Ereignissen erzählt, dafür aber immer öfter anhand von konkreten Personen und ihren Schicksalen. So werden aus der unvorstellbaren Zahl von sechs Millionen ermordeter Jüdinnen und Juden und zunehmend auch anderer Opfergruppen Einzel- oder Familienschicksale herausgelöst, um die Geschichte anschaulicher und greifbarer zu machen. Durch diese Art des Umgangs mit der Geschichte rücken Zeitzeugen in den Mittelpunkt des Interesses, die durch persönliche Erfahrungen, welche durch andere Quellen oft nicht zu erfassen sind, neue Perspektiven auf die Ereignisse eröffnen. Mit der Zunahme der zeitlichen Distanz zu den berichteten Ereignissen wird die Zahl der Menschen, die aus persönlichem Erleben von der NS-Zeit berichten können, leider ständig kleiner. Durch die Aufzeichnung von Zeitzeugenberichten und die neuerdings auch digitale Präsentation sollen diese individuellen Erinnerungen aber bewahrt werden.

Pluralisierung:

Zum einen ist damit die Ausweitung der Erinnerung hinsichtlich verschiedener Opfergruppen gemeint; zum anderen meint Pluralisierung eine Zunahme der Vielfalt historischer Deutungen: Filme und Dokumentationen im Fernsehen, Projekte zur NS-Geschichte, Zeitzeugengespräche, Geschichtsvereine, Stadtbegehungen, Ausstellungen oder Gedenkstättenbesuche ergänzen die traditionelle Geschichtsschreibung.

M 8 Einweihung des Denkmals für die im Nationalsozialismus ermordeten Sinti und Roma

Foto, Berlin, 2012

Stolpersteine – angemessene Erinnerung an die Opfer des NS?

M 9 Diskussion über die „Stolpersteine“

Die Journalistin Anne Goebel bilanziert den Umgang mit den „Stolpersteinen“ in deutschen Städten in der „Süddeutschen Zeitung Online“ (17. Mai 2010):

Die Stolpersteine sind kleine Gedenktafeln im Straßenpflaster vor Wohnhäusern, aus denen Opfer des NS-Terrors deportiert wurden.

Seit 1997 sind in verschiedenen Städten rund 3300 Gedenkplaketten vor ehemaligen Wohnhäusern von Nazi-Opfern installiert worden.

Die ersten „Stolpersteine“ in München hat der Kölner Künstler Gunter Demnig bereits vor drei Wochen in Bogenhausen verlegt. Eine Schülerinitiative des Luisengymnasiums hatte das Schicksal des jüdischen Ehepaars Siegfried und Paula Jordan erforscht, das von den Nazis aus dem Haus in der Mauerkircherstraße 13 verschleppt und in den Tod geschickt wurde, und Geld für eine „Stolperstein“-Patenschaft gesammelt.

Die Verlegung erfolgte ohne behördliche Genehmigung. Ausdrücklich gewünscht war sie von Peter Jordan, dem aus England angereisten Sohn des ermordeten Ehepaars. Inzwischen gibt es zahlreiche Anfragen von Bürgern sowie Überlebenden, die sich Gedenktafeln für ihre getöteten Familienmitglieder wünschen.

Der erste Anlauf, das in so gut wie allen deutschen Großstädten seit einigen Jahren erfolgreiche Projekt in München zu etablieren, scheiterte im Juni vergangenen Jahres am abschlägigen Beschluss des Ältestenrats. Negativ beurteilt auch Charlotte Knobloch, die Präsidentin der Israelitischen Kultusgemeinde München und Oberbayern, diese Form des Gedenkens.

Wiederholt bezeichnete Knobloch es als „unerträglich“, die Namen ermordeter Juden auf Tafeln zu lesen, die in den Boden eingelassen sind und auf denen mit Füßen „herumgetreten“ werde. Im Gespräch mit der SZ bekräftigte sie ihre Haltung. Sie gehe zwar davon aus, dass die kleinen Messing-Gedenktafeln „gut gemeint“ seien und billige „jedem zu, dazu eine andere Meinung zu haben als ich“.

In ihren Augen aber werde das Gedenken an die Opfer auf diese Weise „geschändet und beschmutzt“. Salomon Korn, Vizepräsident des Zentralrats der Juden, befürwortet dagegen das Projekt. Die Holocaust-Gedenkstätte Yad Vashem in Israel bezeichnete Demnigs Steine in einem Brief an den Künstler als „wonderful project“, als wunderbares Projekt. [...]

Oberbürgermeister [von München] Christian Ude (SPD) begründet seine Ablehnung mit der Befürchtung einer „Inflationierung der Gedenkstätten“. Er verweist auf das geplante Jüdische Museum und bestehende Formen der „Erinnerungsarbeit“, etwa „die alljährliche Gedenkfeier für die Opfer der Reichspogromnacht oder die alljährliche Feier im Konzentrationslager Dachau“.

Die Grünen unterstützen die Stolpersteine, der Vorsitzende Florian Roth lobt den „exzeptionellen Charakter dieser Gedenkform“. Gunter Demnig sagte im Gespräch mit der SZ: „Feierlichkeiten zu Jahrestagen oder ein Museum kann man besuchen – oder auch nicht.“ Er aber bringe das Erinnern „genau da hin, wo die Ausgrenzung begonnen hat – am letzten Wohnort der Opfer“.

Bisher hat Demnig mehr als 3500 der zehn mal zehn Zentimeter großen Tafeln in 34 Städten verlegt. Aus München erreichten ihn und den Koordinator des Projekts, Peter Hess, stets neue Anfragen. Demnig nannte es „undemokratisch“, sollte die Stadtspitze in München trotz des Interesses von Bürgern und Angehörigen bei ihrer Ablehnung bleiben. Stefan Palm, Pressesprecher der Stadt Köln, sagte auf Anfrage, in Köln stießen die Steine auf große Resonanz. „So ein Projekt hängt von der Akzeptanz der Menschen ab. Und die Akzeptanz ist da.“ [...]

In Freiburg hat sich der Stadtrat im November 2002 einstimmig für die Stolpersteine ausgesprochen. „Die Verwaltung befürwortet, auch auf dem Hintergrund der positiven Erfahrungen in anderen Städten, die Realisierung“, heißt es in der Beschlussvorlage.

Matthias Reichelt von der „Neuen Gesellschaft für Bildende Kunst“ in Berlin hat Demnigs Arbeit bereits 1996 gemeinsam mit dem städtischen Kunstamt im Rahmen der Aktion „Künstler forschen nach Auschwitz“ vorgestellt. [...] Inzwischen wurden in Berlin zahllose Stolpersteine verlegt, die, so Reichelt, „die Menschen im Alltag abholen“. Demnig führe bewusst „weg vom pompösen Gedenken“.

Auf breite Unterstützung stößt die Aktion auch in Hamburg. Der Erste Bürgermeister Ole von Beust (CDU) hat sich in einem Brief an Peter Hess für die Verlegung der Steine bedankt. „Ich betrachte die Initiative als eine beispielgebende Aktion, die uns daran erinnert, dass wir durch Duckmäuserei dem Terror den Weg geebnet haben.“

Anne Goebel: „Opfer des NS-Terrors: Neue Diskussion über die ‚Stolpersteine‘“; in: Süddeutsche Zeitung (14.06.2004); www.sueddeutsche.de/muenchen/opfer-des-ns-terrors-neue-diskussionueber-die-stolpersteine-1.677117 [letzter Zugriff: 07.07.2022].

M 10 Stolperstein in Deutschland

Was als limitierte Kunstaktion 1997 im öffentlichen Raum begann, entwickelte sich zur „Bürgerbewegung", in der Einzelpersonen und Initiativen das Schicksal verschleppter Mitbürger in ihrer Stadt recherchierten und den Künstler Gunter Demnig beauftragten, es mit „Stolpersteinen" für die Nachwelt sichtbar zu machen, aktuelles Foto.

Training

Erklärung des Operators „Diskutieren"

Sie sollen einen Sachverhalt, ein Problem, eine Frage aus verschiedenen Perspektiven (Sichtweisen) betrachten. Das bedeutet, dass Sie verschiedene Positionen (Meinungen), die es dazu gibt, und Argumente, die dafür oder dagegen sprechen, genau durchdenken, vergleichen, für sich prüfen und einander gegenüberstellen sollen. Dadurch sollen Sie eine eigene Position finden und formulieren. Das heißt, Sie müssen sich aufgrund Ihrer gedanklichen Auseinandersetzung mit dem Sachverhalt/Problem bzw. der Frage abschließend entscheiden und ein eigenes Urteil fällen bzw. Stellung dazu nehmen.

Formulierungshilfen

Stellt man sich die Frage, ob ... spricht dafür, dass ...
Dagegen/Dafür spricht, dass ..., denn ...
Ein (weiteres) Argument dafür/dagegen ist, dass ...
Dagegen einwenden lässt sich, dass ..., da ...
Zu berücksichtigen ist aber auch, dass ..., weil ...
Berücksichtigt man, dass ..., spricht auch dafür/dagegen, dass ..., weil ...
auf der einen Seite ... auf der anderen Seite
... einerseits ... andererseits
... Im Gegensatz dazu ... aber ... jedoch ...

Formulierungshilfen für das abschließende Urteil

Ich komme zu dem Schluss, dass ..., denn ...
Ich komme zu dem Urteil, dass ..., weil ...
Abschließend kann ich sagen, dass ..., denn ...
Aus meiner Sicht sprechen viele Gründe/Fakten/Beispiele dafür/dagegen, zu sagen, dass ..., weil ...
Unter Berücksichtigung aller Positionen und Argumente komme ich zu dem Schluss, dass ..., weil ...

Aufgaben

Stolpersteine

a) Erläutern Sie das Projekt „Stolpersteine".
b) Diskutieren Sie, ob das Verlegen von Stolpersteinen einen angemessenen Umgang mit den Opfern der NS-Gewaltherrschaft darstellt. Verwenden Sie für die Diskussion auch den Trainingskasten auf dieser Seite.

→ M9, M10, Trainingskasten

Holocaust-Erinnerung

M 11 27. Januar – Tag des Gedenkens für die Opfer des Nationalsozialismus – Proklamation des Bundespräsidenten

Bundespräsident Roman Herzog hat am 3. Januar 1996 den 27. Januar zum Tag des Gedenkens für die Opfer des Nationalsozialismus erklärt. Die Proklamation hat folgenden Wortlaut:

1995 jährte sich zum 50. Mal das Ende des Zweiten Weltkrieges und der nationalsozialistischen Gewaltherrschaft. In diesem Jahr haben wir uns in besonderer Weise der Opfer des nationalsozialistischen Rassenwahns und Völkermordes erinnert und der Millionen Menschen gedacht, die durch das nationalsozialistische Regime entrechtet, verfolgt, gequält oder ermordet wurden. Symbolhaft für diesen Terror steht das Konzentrationslager Auschwitz, das am 27. Januar 1945 befreit wurde und in dem vor allem solche Menschen litten, die der Nationalsozialismus planmäßig ermordete oder noch vernichten wollte. Die Erinnerung darf nicht enden; sie muss auch künftige Generationen zur Wachsamkeit mahnen. Es ist deshalb wichtig, nun eine Form des Erinnerns zu finden, die in die Zukunft wirkt. Sie soll Trauer über Leid und Verlust ausdrücken, dem Gedenken an die Opfer gewidmet sein und jeder Gefahr der Wiederholung entgegenwirken. Ich erkläre den 27. Januar zum Tag des Gedenkens an die Opfer des Nationalsozialismus.

Roman Herzog: „27. Januar – Tag des Gedenkens für die Opfer des Nationalsozialismus“, Proklamation des Bundespräsidenten vom 3. Januar 1996; https://www.bundesregierung.de/breg-de/service/bulletin/27-januar-tag-des-gedenkens-fuer-die-opfer-des-nationalsozialismus-proklamation-des-bundespraesidenten-805822 [letzter Zugriff: 07.07.2022].

M 12 Bundespräsident Roman Herzog (Amtszeit 1994–1999)

Rede im Bonner Bundestag, Foto, 19. Januar 1996

M 13 27. Januar – Tag des Gedenkens für die Opfer des Nationalsozialismus – Rede des Bundespräsidenten

Ansprache von Bundespräsident Roman Herzog zum Gedenktag für die Opfer des Nationalsozialismus im Deutschen Bundestag, Bonn, 19. Januar 1996:

Ich wünsche mir, dass der 27. Januar zu einem Gedenktag des deutschen Volkes, zu einem wirklichen Tag des Gedenkens, ja des Nachdenkens wird. Nur so vermeiden wir, dass er Alibi-Wirkungen entfaltet, um die es uns am allerwenigsten gehen darf. Eine Kollektivschuld des deutschen Volkes an den Verbrechen des Nationalsozialismus können wir, wie ich schon sagte, nicht anerkennen; ein solches Eingeständnis würde zumindest denen nicht gerecht, die Leben, Freiheit und Gesundheit im Kampf gegen den Nationalsozialismus und im Einsatz für seine Opfer aufs Spiel gesetzt haben und deren Vermächtnis der Staat ist, in dem wir heute leben.

Aber eine kollektive Verantwortung gibt es, und wir haben sie stets bejaht. Sie geht in zwei Richtungen:

- Zunächst darf das Erinnern nicht aufhören; denn ohne Erinnerung gibt es weder Überwindung des Bösen noch Lehren für die Zukunft.
- Und zum andern zielt die kollektive Verantwortung genau auf die Verwirklichung dieser Lehren, die immer wieder auf dasselbe hinauslaufen: Demokratie, Rechtsstaat, Menschenrechte, Würde des Menschen.

Aber hier beginnt das Problem: Wer Unfreiheit und Willkür kennt, der weiß Freiheit und Recht zu schätzen. Die Selbstverständlichkeit aber, mit der unser Volk Freiheit und Recht erleben darf, vermittelt mitunter zu wenig Gespür für die Gefahren von Willkür und Unfreiheit.

Das ist das große Problem, vor dem jeder demokratische Rechtsstaat steht. In Deutschland ist es aber empfindlicher als anderswo; denn hier und von hier aus sind die Scheußlichkeiten begangen worden, deren wir uns heute erinnern, und hier hat es eine Generation der Zeitzeugen gegeben, die für sich die Konsequenzen aus jenen Erfahrungen gezogen hatte, die jetzt aber abtritt.

Deshalb meine Mahnung zum Erinnern und zur Weitergabe der Erinnerung. Nicht nur am 27. Januar. Aber vielleicht kann dieser Gedenktag uns dabei helfen.

https://www.bundespraesident.de/SharedDocs/Reden/DE/Roman-Herzog/Reden/1996/01/19960119_Rede.html [letzter Zugriff: 07.07.2022].

M 14 **https://www.nsdoku.de/ausstellungen/archiv/ende-der-zeitzeugenschaft**

Das NS-Dokumentationszentrum wurde an der Stelle errichtet, an der das sogenannte Braune Haus, die Parteizentrale der NSDAP, stand. Es bietet neben einer ständigen Ausstellung eine Vielzahl auch digital verfügbarer Angebote.

M 15 **https://www.yadvashem.org/de/education/testimony-films.html**

Yad Vashem ist die zentrale Gedenkstätte in Israel. Über die Internetseite sind digitale Sammlungen sowie wissenschaftliche und pädagogische Angebote erschließbar.

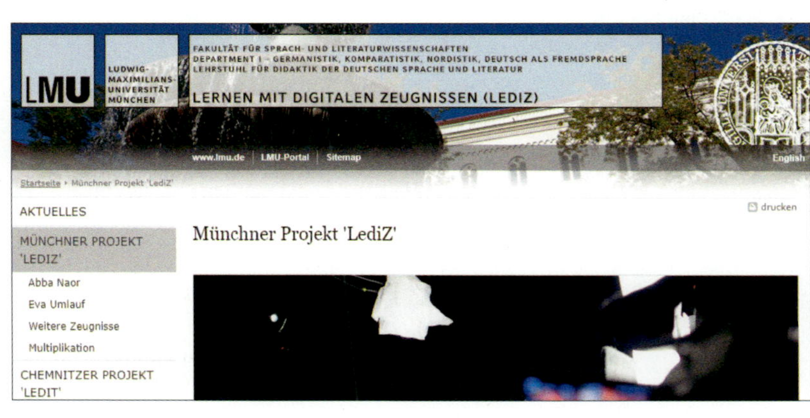

M 16 **https://www.lediz.uni-muenchen.de/projekt-lediz/index.html**

Das Projekt will die Erinnerungen und Erfahrungen von Zeitzeuginnen und Zeitzeugen bewahren. Die Aussagen werden so bearbeitet, dass sie in einem digitalen Frage-Antwort-Spiel erschlossen werden können.

Aufgaben

1. Holocaust-Gedenktag

a) Erarbeiten Sie aus der Proklamation des Bundespräsidenten (M11) die Zielsetzung eines Holocaust-Gedenktags.

b) Untersuchen Sie, inwieweit die Rede M13 dieser Zielsetzung gerecht wird.

c) Vergleichen Sie die damalige Rede mit einer aktuellen.

→ M11 – M13, Internet

2. Holocaust-Erinnerung

a) Analysieren Sie die jeweilige Form der Holocaust-Erinnerung (M11 – M16) und stellen Sie diese Ihrer Lerngruppe vor.

b) Erstellen Sie eine Übersicht, in der Sie die verschiedenen Formen der Holocaust-Erinnerung ordnen. Ergänzen Sie ggf. weitere Formen.

c) Vergleichen und bewerten Sie die jeweiligen Formen der Erinnerung hinsichtlich Chancen und Problemen.

d) Verfassen Sie eine kurze Stellungnahme zum Thema „Wie soll heute an den Holocaust erinnert werden?“

→ M11 – M16, Internet

Aufgaben

Historischer Hintergrund – Wiederholung
Erstellen Sie auf Grundlage der Texte auf den Seiten 36 bis 39 eine Grafik zur Verfolgung, Ausgrenzung und Vernichtung der jüdischen Bevölkerung. Stellen Sie Bezüge zu den Bildern auf diesen Seiten her.
→ Text auf den Seiten 36–39, Bilder M1–M5

Von Bürgern zu Ausgegrenzten: Verfolgung von Jüdinnen und Juden in Deutschland 1933–1939

Aufbau eines Feindbildes und inszenierte Boykotte

Der Antisemitismus gehörte zu den zentralen ideologischen Grundpfeilern der NSDAP, und zwar von ihrer 1920 erfolgten Gründung an. Während in der Spätphase der Weimarer Republik der Judenhass der Nationalsozialisten zugunsten eines radikalen Antikommunismus deutlich zurücktrat, veränderte sich diese Gewichtung jedoch nach deren Machtübernahme und der anschließenden Ausschaltung der KPD wieder.

Erster, für die gesamte Bevölkerung sichtbarer Beleg für den Antisemitismus der NSDAP war am 1. April 1933 der Boykott jüdischer Geschäfte, Warenhäuser, Rechtsanwälte und Ärzte. Vielerorts versuchten SA-Truppen, die Menschen vom Besuch jüdischer Betriebe, Einrichtungen und Praxen abzuhalten. Angeblich sollte die Aktion dazu dienen, jüdische Agitationen im Ausland gegen die neuen Machthaber in Deutschland zu unterbinden. Im Verlauf des Boykotts kam es zu zahlreichen Körperverletzungen, Diebstählen und Nötigungen, bei denen die Polizei nicht eingriff. Als Hermann Göring im Juni 1933 anordnete, antisemitische

M 1 Boykott jüdischer Geschäfte
Ein SA-Mann vor einem Ladengeschäft, das von einem jüdischen Inhaber geführt wird, Foto, 1. April 1933

Gewaltakte und Morde nicht mehr zu verfolgen oder zu bestrafen und auch für alle bereits ergangenen Urteile eine Amnestie erließ, wurde es offenkundig: Jüdische Deutsche besaßen im Deutschen Reich keinen Rechtsschutz mehr.

Entrechtung per Gesetz

Auch auf ökonomischem Feld drängte das Regime die Jüdinnen und Juden aus ihren Berufen. Mit dem Gesetz zur angeblichen „Wiederherstellung des Berufsbeamtentums“ vom 7. April 1933 wurden alle jüdischen Beamtinnen und Beamten sowie jüdische Angestellte aus dem öffentlichen Dienst entlassen. Ähnliche Bestimmungen schränkten die Tätigkeit von Menschen in medizinischen oder juristischen Berufen zunehmend ein – aus zuvor gleichberechtigten Bürgerinnen und Bürgern wurden so innerhalb nur weniger Monate politisch, wirtschaftlich und sozial ausgegrenzte Personen. Deutsche Jüdinnen und Juden polnischer oder russischer Herkunft verloren schon im Juli 1933 ihre deutsche Staatsbürgerschaft.

Für die jüdischen Deutschen folgte am 15. September 1935 mit den „Nürnberger Gesetzen“ die tiefste juristische Zäsur. Das „Staatsbürgergesetz“ unterschied zwischen „Reichsbürgern deutschen oder artverwandten Blutes“ und den übrigen „Staatsangehörigen“; Deutsche jüdischen Glaubens waren damit nur noch Bürger zweiter Klasse. Das gleichzeitig erlassene „Gesetz zum Schutz des deutschen Blutes und der deutschen Ehre“ verbot ihnen sogar das Hissen der deutschen Flagge. Vor allem aber untersagte es „Mischehen“ und außerehelichen Geschlechtsverkehr zwischen „Ariern“ und Juden. Bis zum Kriegsausbruch 1939 erließen die Nationalsozialisten etwa 250 weitere Gesetze und Verordnungen, die die jüdischen Deutschen fast vollständig aus dem öffentlichen Leben drängten. Weil diese Regelungen jedoch scheinbare Restfreiheiten vorgaben, verließen bis Ende 1937 nur 185 000 der etwa 500 000 in Deutschland lebenden deutschen Jüdinnen und Juden ihre Heimat. Erst die „Arisierung“, bei der die Menschen ihr Eigentum weit unter Wert verkaufen mussten, und Berufsverbote sorgten für einen Anstieg der Emigrantenzahlen. Der „Anschluss“ Österreichs 1938 und die Eingliederung des Sudetenlandes 1938 glichen dies jedoch wieder aus, sodass die Zahl der Jüdinnen und Juden im Reich bei etwas unter einem Prozent der Gesamtbevölkerung verblieb.

Die Novemberpogrome

Die Schwelle zur offenen Gewalt markierte der 9. November 1938. Als Reaktion auf den Mord an einem deutschen Botschaftsangehörigen in Paris – verübt von dem in Hannover geborenen, zum Tatzeitpunkt 17-jährigen Juden Herschel Grynszpan – organisierte das Regime angeblich spontane Pogrome, die unter dem euphemistischen Namen „Reichskristallnacht“ in die Geschichte eingingen. Dieser Begriff soll schon am Morgen des 10. November in Berlin geprägt worden sein, als viele Straßen der Hauptstadt mit Kristallglas und Splittern von Fensterscheiben bedeckt waren. Allerdings verharmlost der Begriff die systematischen Gewalttaten der Pogrome vom 9. November 1938, denn schließlich kam es nicht nur zu Sachbeschädigungen, sondern auch zu Hunderten Misshandlungen und Morden. Fast alle Synagogen im Deutschen Reich wurden zerstört und etwa 30 000 Juden in Konzentrationslager verschleppt. Das NS-Regime entließ sie in der Folgezeit nur aus der Gefangenschaft, wenn sie der „Arisierung“ ihres Besitzes zustimmten und sich zur Auswanderung bereit erklärten.

M 2 „An den Pranger“ gestellt wegen „Rassenschande“

SA-Männer halten gewaltsam und widerrechtlich Bürgerinnen und Bürger fest und stellen diese im öffentlichen Raum bloß. Auf dem Schild links steht: „Ich bin am Ort das größte Schwein und lass mich nur mit Juden ein!“ Foto, Cuxhaven, 1935.

Info

„Arisierung“

Die von den Nationalsozialisten geprägte Wortschöpfung bezeichnete die Enteignung der Jüdinnen und Juden und die Überführung ihres Eigentums in „arischer“, d. h. nichtjüdischen Besitz. Die Folge dieser Ausplünderung war eine Verarmung der jüdischen Bevölkerung sowie ihre totale finanzielle und wirtschaftliche Deklassierung.

Von der Verfolgung zum Massenmord: „Euthanasie“ und Holocaust

M 3 Vorbereitung der „Euthanasie“

Aus der Dia-Serie „Blut und Boden“, die für Schulungszwecke eingesetzt wurde. Mit solchen Bildern sollte der Bevölkerung im Sinne der NS-Ideologie vermittelt werden, dass angeblich „Minderwertige“ auf Kosten des deutschen Volkes lebten.

„Euthanasie“ als Vorstufe des Holocaust?

Die von den Nationalsozialisten propagierte „Volksgemeinschaft“ schloss zahlreiche Gruppen aus. Neben den politischen Gegnern und Jüdinnen und Juden zählten auch Homosexuelle, Sinti und Roma sowie behinderte Menschen zu den Exkludierten. Dass Menschen mit Behinderung für die Gesellschaft nur eine unnütze Belastung darstellen, wurde den Schülerinnen und Schülern sogar im Mathematikunterricht eingeschärft, in dem die jährlichen Kosten für einen Patienten berechnet und mit den Verpflegungskosten einer „gesunden“ Familie verglichen werden mussten. Die „Gesundheitspolitik“ der Nationalsozialisten beraubte die Patienten aller Rechte, bereits ab 1933 gab es gesetzlich angeordnete Zwangssterilisationen. Die Massenmorde an geistig und körperlich Behinderten begannen noch vor Kriegsbeginn und nahmen während der ersten Kriegsjahre zu.

In der sogenannten „Euthanasie“-Aktion (altgriechisch: „schöner Tod“) wurden Tausende Patientinnen und Patienten aus ihren Heimen oder Wohnungen geholt und zu einer von insgesamt sechs zentralen Tötungsanstalten gebracht, wo sie u.a. durch Gas ermordet wurden. Bis zum offiziellen Stopp der Aktion im Sommer 1941 töteten die Nationalsozialisten auf diese Weise mehr als 70 000 Menschen. Gleichwohl ging die Ermordung von behinderten Menschen in einer geheimen, sogenannten „wilden Euthanasie“ noch bis 1945 weiter. Dabei wurde den Menschen zumeist Nahrung oder medizinische Versorgung vorenthalten. Bis Kriegsende fielen insgesamt etwa 200 000 Menschen der nationalsozialistischen „Euthanasie“ zum Opfer. Warum es 1941 zur offiziellen Einstellung dieser Massenmorde kam, ist in der Forschung umstritten. Ein Erklärungsansatz für den offiziellen Stopp geht davon aus, dass das Regime das Wissen der Tötungsspezialisten ab Herbst 1941 an anderer Stelle dringender benötigt habe: bei der Massentötung der jüdischen Bevölkerung.

Zusammenhang zwischen Vernichtungskrieg und Völkermord

Mit dem unerwartet schnellen Sieg über Polen zu Beginn des Zweiten Weltkrieges 1939 gelangten Millionen polnischer Jüdinnen und Juden in den Machtbereich der deutschen Wehrmacht. Diejenigen, die keinen gezielten Tötungen zum Opfer gefallen waren, wurden zunächst in Ghettos konzentriert. Hinter der Front agierten sogenannte „Einsatzgruppen“, die zwischen 1939 und 1941 mehr als eine Million Jüdinnen und Juden und Kommunisten erschossen. Die Mörder aus diesen „Einsatzgruppen“ hatten vor Kriegsbeginn zumeist in verschiedenen Polizeieinheiten gedient. Mit dem deutschen Überfall auf die Sowjetunion 1941 radikalisierte sich das Vorgehen der Nationalsozialisten zunehmend.

Im Spätsommer 1941, auf dem Höhepunkt der Siegeseuphorie im Vernichtungskrieg gegen die Sowjetunion, schienen „Lebensraum“ und „Endlösung“, Hitlers langfristige Zielsetzungen, in greifbare Nähe zu rücken. Auch wenn kein schriftlicher Befehl Hitlers überliefert ist, beweisen die vorliegenden Quellen, dass im Herbst 1941 der Entscheidungsprozess zum Völkermord an den Jüdinnen und Juden abgeschlossen war. Als jedoch ab dem Wintereinbruch 1941 der Vormarsch der Wehrmacht vor Moskau stecken blieb, die Aussichten auf die Eroberung von „Lebensraum“ zunehmend schwanden und die USA in den Krieg eintraten, „mag

Hitler", so der deutsche Historiker Eberhard Jäckel, „die Ausrottung der Juden als das allein noch erreichbare Kriegsziel erschienen sein". Auf der „Wannsee-Konferenz" am 20. Januar 1942 kamen dann die offiziellen Vertreter aller relevanten Ministerien des deutschen Staates auf Einladung Reinhard Heydrichs, des Chefs der Sicherheitspolizei und des SD, zusammen, um alle Maßnahmen zur Vernichtung der europäischen Juden unter Federführung der SS zu koordinieren. Euphemistisch (beschönigend) sprachen die Täter dabei von der „Endlösung der Judenfrage".

Deutsche Vernichtungslager in Polen

Massenerschießungen und mobile Gaswagen reichten dem NS-Regime für seine Pläne nun nicht mehr aus; fortan ging man dazu über, Jüdinnen und Juden aus ganz Europa in sechs zentrale Vernichtungslager zu deportieren. Anders als die Tötungsanstalten der „Euthanasie" wurden diese Lager aber nicht im Deutschen Reich, sondern im besetzten Polen errichtet, um den gewaltigen Massenmord vor der deutschen „Volksgemeinschaft" nach Möglichkeit zu verbergen. In den Vernichtungslagern Auschwitz, Belzec, Chelmno, Majdanek, Sobibor und Treblinka kamen die meisten jüdischen Opfer ums Leben, allein im größten Vernichtungslager in Auschwitz-Birkenau starben mehr als eine Million Jüdinnen und Juden. Insgesamt ermordeten die Nationalsozialisten bis 1945 mehr als sechs Millionen jüdische Menschen. Daneben starben in den Lagern aber auch andere Opfer, zum Beispiel internationale Zwangsarbeiterinnen und Zwangsarbeiter, sowjetische Kriegsgefangene, Sinti und Roma oder Anhänger der Zeugen Jehovas.

M 4 Jüdische Frauen und Kinder vor ihrer Ermordung in Auschwitz

Foto, 1944

Was wussten die Deutschen?

Während die Ausgrenzung und Verfolgung der von der „Volksgemeinschaft" Ausgeschlossenen noch in aller Öffentlichkeit stattgefunden hatte, bemühten sich die Nationalsozialisten, die physische Vernichtung der betroffenen Menschen geheim zu halten. Doch schon die Ermordung von Behinderten in den Tötungsanstalten im Reich blieb nicht unbemerkt: Auffällige Häufungen von Todesanzeigen in einer bestimmten Region machten die Menschen misstrauisch, zumal das „Euthanasie"-Programm in der Bevölkerung zu keinem Zeitpunkt breitere Unterstützung fand. Als Konsequenz aus diesen Erfahrungen wurde der Genozid an der jüdischen Bevölkerung außerhalb Deutschlands vollzogen – die „Volksgemeinschaft" sollte davon nicht belastet sein. Aufmerksamen Zeitgenossinnen und Zeitgenossen konnten die Vorgänge dennoch nicht verborgen bleiben. Sogar in den gleichgeschalteten Medien und im alltäglichen Leben war zu erfahren, dass das NS-Regime der Rhetorik gegen die jüdische Bevölkerung nun radikale Taten folgen ließ.

Engagement Einzelner gegen die Mordaktionen

Nur wenige Menschen entschlossen sich zur konkreten Tat. Zu den Prominentesten, die sich gegen die Vernichtungspolitik äußerten, gehörte der katholische Bischof von Münster, Clemens August Graf von Galen. Seine Predigten gegen die Krankenmorde in seiner Region verbreiteten sich rasch im ganzen Reich und an allen Fronten des Krieges. Ob Galen damit zum Ende der organisierten „Euthanasie" beigetragen hat oder ob es dem Regime bei dem 1941 verhängten Stopp um andere Aspekte ging, wird von der Forschung noch immer diskutiert. Allerdings protestierte der Bischof nur gegen die Tötung (christlicher) Menschen mit Behinderung – zu den Massendeportationen von Jüdinnen und Juden schwieg er.

M 5 Bischof Graf von Galen

Der Bischof von Münster kritisierte in seinen Predigten offen die „Euthanasie", Foto, um 1945/46.

Holocaust-Leugnung und Relativierung

„In Auschwitz wurde niemand vergast.“ „Die Konzentrationslager waren reine Erziehungs- und Straflager, in denen keine Gaskammern existiert haben.“ „Da niemand eine Vergasung überlebte, gibt es auch keine beweiskräftigen Zeugenaussagen.“ – Dies sind nur einige rechtsradikale Lügen in Bezug auf den Holocaust, die insbesondere in den sogenannten Sozialen Medien im Internet verbreitet werden. Was versteht man unter der „Auschwitz-Lüge“? Wie kann man die Behauptungen von Holocaustleugnern durch Tatsachen widerlegen?

M 1 Rechtsradikale Lügen widerlegen

Der Historiker Markus Tiedemann verfasste das Buch „‚In Auschwitz wurde niemand vergast.‘ 60 rechtsradikale Lügen und wie man sie widerlegt.“ Darin zeigt er auf, wie man mittels historischer Forschung rechtsradikale Lügen widerlegt (2018):

Rechtsradikale Lügen – Beispiel 1

„Die Quellenlage zu den KZs ist derart schlecht, dass man wirklich exakte Aussagen über die Lager nicht machen kann.“

Rechtsradikale Lügen – Beispiel 2

„Ja, es gab Gaskammern, aber sie wurden nie benutzt.“

Rechtsradikale Lügen – Beispiel 3

„Alle Dokumente, die den Holocaust belegen, sind gefälscht. Filme wurden gestellt und Fotos manipuliert.“

M 2 Straftat Volksverhetzung

Strafgesetzbuch (StGB) der Bundesrepublik Deutschland, § 130 Volksverhetzung:

(1) Wer in einer Weise, die geeignet ist, den öffentlichen Frieden zu stören,
1. gegen eine nationale, rassische, religiöse oder durch ihre ethnische Herkunft bestimmte Gruppe, gegen Teile der Bevölkerung oder gegen einen Einzelnen wegen seiner Zugehörigkeit zu einer vorbezeichneten Gruppe oder zu einem Teil der Bevölkerung zum Hass aufstachelt, zu Gewalt- oder Willkürmaßnahmen auffordert oder
2. die Menschenwürde anderer dadurch angreift, dass er eine vorbezeichnete Gruppe, Teile der Bevölkerung oder einen Einzelnen wegen seiner Zugehörigkeit zu einer vorbezeichneten Gruppe oder zu einem Teil der Bevölkerung beschimpft, böswillig verächtlich macht oder verleumdet,

wird mit Freiheitsstrafe von drei Monaten bis zu fünf Jahren bestraft. [...]

(3) Mit Freiheitsstrafe bis zu fünf Jahren oder mit Geldstrafe wird bestraft, wer eine unter der Herrschaft des Nationalsozialismus begangene Handlung der in § 6 Abs. 1 des Völkerstrafgesetzbuches [§ 6 Völkermord] bezeichneten Art in einer Weise, die geeignet ist, den öffentlichen Frieden zu stören, öffentlich oder in einer Versammlung billigt, leugnet oder verharmlost.

(4) Mit Freiheitsstrafe bis zu drei Jahren oder mit Geldstrafe wird bestraft, wer öffentlich oder in einer Versammlung den öffentlichen Frieden in einer die Würde der Opfer verletzenden Weise dadurch stört, dass er die nationalsozialistische Gewalt- und Willkürherrschaft billigt, verherrlicht oder rechtfertigt.

https://www.gesetze-im-internet.de/stgb/__130.html [letzter Zugriff: 07.07.2022].

Aufgaben

Rechtsradikale Lügen widerlegen

a) Ordnen Sie den drei auf dieser Seite aufgeführten rechtsradikalen Lügen (M1) die entsprechende Widerlegung (M3 – M5) zu.

b) Prüfen Sie, ob die Widerlegungen überzeugend sind. Ergänzen Sie ggf. weitere Argumente. Verwenden Sie dafür auch die Texte auf den Seiten 36 bis 39 und die Fotos M7 und M8 in diesem Teilkapitel.

c) Weisen Sie nach, dass die drei hier aufgeführten Lügen (M1) den Straftatbestand der Volksverhetzung erfüllen (M2). Verwenden Sie für die Begründung auch den Trainingskasten auf Seite 41.

↝ M1 – M9, Trainingskasten

M 3 Widerlegung A

Der Historiker Markus Tiedemann schreibt:

Diese Lüge greift die von vielen Historikern beklagte Vernichtung von Beweismaterial durch die SS-Wachmannschaften auf. In der Tat ist es richtig, dass die Täter versuchten, Spuren ihrer grauenvollen Taten zu verwischen, bevor sie sich vor der Roten Armee zurückzogen. Im Rahmen dieser Aktion wurden auch die Gaskammern und Krematorien von Auschwitz-Birkenau gesprengt. Tatsache ist aber auch, dass allein im Museum der Gedenkstätte Auschwitz fünf laufende Meter Akten über die Verwaltung des Lagers und mehr als 15 laufende Meter Akten der Zentralbauleitung der Waffen-SS und Polizei erhalten geblieben sind. [...]
Außerdem gibt es die „stillen Zeugen von Auschwitz" – Berge von Haaren, Schuhen, Kleidung und Brillen. [...] Auch haben die Überlebenden der KZs eine Vielzahl von Zeugnissen abgelegt. [...] Außerdem gibt es ungezählte Aussagen und schriftliche Belege von Täterseite.

Markus Tiedemann, „In Auschwitz wurde niemand vergast." 60 rechtsradikale Lügen und wie man sie widerlegt, Mühlheim: Verlag an der Ruhr 2018, S. 89f.

M 4 Widerlegung B

Der Historiker Markus Tiedemann schreibt:

Der SS-Offizier Kurt Gerstein, leitender Entseuchungsoffizier der Waffen-SS, hat bei einer Besichtigungsreise durch die KZs des Generalgouvernements Massenvergasungen beobachten müssen. Er war so erschüttert, dass er sich auf einer Zugreise 1942 im Berlin-Warschau-Express dem schwedischen Diplomaten Baron von Otter offenbarte. Der Baron meldete die Existenz der Vernichtungszentren seiner Regierung, die aber diese Meldung nicht an die Weltöffentlichkeit weitergab. Dies war eine der frühesten Nachrichten über den Holocaust. [...]
Holocaust-Leugnern gefällt diese Aussage eines SS-Obersturmführers überhaupt nicht. Sie erklären Gerstein kurzerhand zum Lügner. Es existieren aber eine ganze Anzahl offizieller Schriftstücke und Zeugnisse, die Gersteins Anwesenheit bei der Vergasung belegen.

Markus Tiedemann, „In Auschwitz wurde niemand vergast." 60 rechtsradikale Lügen und wie man sie widerlegt, Mühlheim: Verlag an der Ruhr 2018, S. 107f.

M 5 Widerlegung C

Der Historiker Markus Tiedemann schreibt:

Die These einer globalen Verschwörung zeugt von einem erstaunlichen Realitätsverlust. Wie und warum, so fragt man sich, sollten die Siegermächte am Ende des Zweiten Weltkrieges eine derart gigantische Täuschung inszeniert haben? [...]
Wie soll es möglich gewesen sein, eine bis heute unüberschaubare Fülle von Beweismaterial aus verschiedenen Jahren der Naziherrschaft künstlich zu schaffen, über das zerstörte Europa zu verteilen und zu koordinieren? [...]
Was die angebliche Fälschung von Filmdokumenten betrifft, so sei an dieser Stelle auf eine der widerlichsten Behauptungen hingewiesen: Es wird allen Ernstes behauptet, dass die Filmaufnahmen, die nach der Befreiung im KZ Dachau aufgenommen worden sind, mit amerikanischen Soldaten oder mit herbeigeschafften Opfern des „Bombenterrors" gestellt worden seien. Jeder, der einmal diese Dokumentation gesehen hat, in der festgehalten worden ist, wie Leichenberge nur noch von Bulldozern in Massengräbern zusammengeschoben werden konnten, kann nur Verachtung für eine derart dreiste Behauptung empfinden. Kein amerikanischert Soldat hätte sich für ein derart übles Unternehmen zur Verfügung gestellt und wahrscheinlich hat es weder in der Armee der Vereinigten Staaten noch unter der deutschen Bevölkerung derartige Mengen von Menschen gegeben, die als dem Hungertod nahe Skelette in einer derart schlechten körperlichen Verfassung gewesen wären, um diese Toten oder Sterbenden darstellen zu können.

Markus Tiedemann, „In Auschwitz wurde niemand vergast." 60 rechtsradikale Lügen und wie man sie widerlegt, Mühlheim: Verlag an der Ruhr 2018, S. 134f.

Training

Erklärung des Operators „Begründen"

Sie sollen Gründe für Ihnen bekannte Sachverhalte (oder eigene Entscheidungen/Positionen/Behauptungen) formulieren: Warum ist es so und nicht anders? Dabei müssen Sie darauf achten, dass Ihre Begründung zusammenhängend formuliert und für andere nachvollziehbar ist.

Formulierungshilfen

Der Grund/die Ursache für ... ist, dass ..., denn ...
Es ist so, weil ..., denn ... Es wäre nicht so, wenn ..., weil ...
Das liegt daran, dass ..., denn ...
... ist darin begründet, dass ..., da ...

Holocaust-Leugnung und Relativierung

M 6 Holocaust-Leugnung und Holocaust-Relativierung – Infotext

Die historische Forschung lässt keinen Zweifel an der systematischen Ermordung der europäischen Jüdinnen und Juden durch die Nationalsozialisten. Die Erkenntnisse der wissenschaftlichen Recherchen in den Vernichtungslagern sowie eine große Anzahl an Dokumenten, aber auch Berichte und Bilder nicht nur von KZ-Häftlingen, sondern auch von Tätern, ergeben ein eindeutiges Bild. Im Widerspruch zu den historischen Tatsachen versuchen Holocaustleugner bis heute aber immer wieder, den Völkermord in Zweifel zu ziehen, zu verharmlosen oder gar die Täter-Opfer-Beziehung umzudrehen. Dies ist in vielen Ländern Europas strafbar, auch in der Bundesrepublik Deutschland.
Für Rechtsextremisten ist die Leugnung des Holocaust ein fester Bestandteil ihres Weltbilds. Ehemalige NS-Täter und Mitläufer haben durch die Leugnung versucht, ihr Handeln im „Dritten Reich“ zu rechtfertigen. Auch der immer noch existierende antisemitische Mythos einer „jüdischen Weltverschwörung“ wird häufig von einer Leugnung oder Relativierung des Holocaust begleitet. Den größeren Rahmen dafür bilden antidemokratische und antiliberale Gesinnungen.

M 7 Opfer in Auschwitz
Dieser Anblick bot sich sowjetischen Truppen nach Befreiung des Lagers, Foto. 27. Januar 1945.

a) Von der „Auschwitz-Lüge“ zur Leugnung und Relativierung des Holocaust:

Im Lagerkomplex Auschwitz-Birkenau ermordeten die Nationalsozialisten zwischen 1940 und 1945 weit über eine Million Menschen. Der Großteil hiervon waren europäische Jüdinnen und Juden.
Hinter dem Ausdruck „Auschwitz-Lüge“ verbirgt sich die Behauptung, dass es den nationalsozialistischen Völkermord an den Jüdinnen und Juden nie gegeben hätte. Der Begriff erschien erstmals 1973 im Titel einer Broschüre des deutschen Nationalsozialisten Thies Christophersen, der 1944 als SS-Mann in Auschwitz stationiert war. Der Ausdruck wird seither oft für die vielfältigen Bemühungen verwendet, die systematische Ermordung der Jüdinnen und Juden zu leugnen bzw. zu relativieren. Allerdings ist der Begriff „Auschwitz-Lüge“ problematisch, da ja das Konzentrations- und Vernichtungslager Auschwitz-Birkenau und die dortigen Verbrechen keinesfalls eine Lüge sind. Auch umfasst der Holocaust sehr viel mehr als die Ereignisse in Auschwitz. Anstatt die Begrifflichkeit der Rechtsextremisten zu übernehmen, erscheint es angemessener, von der Leugnung bzw. Relativierung des Holocaust zu sprechen.

b) Traditionen der Geschichtsverfälschung:

Mitunter ist in diesem Kontext auch von „Geschichtsrevisionismus“ die Rede, also von einer verfälschenden Umdeutung der Geschichte. Revisionisten bestreiten die Schuld der Deutschen am Zweiten Weltkrieg und am Holocaust und leugnen die Verbrechen, die auf der Grundlage der nationalsozialistischen Ideologie begangen worden sind, um ihre eigenen Vorstellungen gesellschaftsfähig zu machen. Dies setzte schon nach dem Ende des Zweiten Weltkrieges und der nationalsozialistischen Herrschaft ein. Einige Autoren, viele von ihnen unbelehrbare Nationalsozialisten, stellten beispielsweise die Opferanzahlen infrage und bestritten eine bewusste Tötungsabsicht. Vertreter dieser Positionen finden sich nicht nur in Deutschland, sondern auch in anderen Ländern. Handelte es sich zuvor mehrheitlich um Relativierungen, so wurde der Holocaust unter Berufung auf pseudo-wissenschaftliche „Erkenntnisse“ immer wieder auch gänzlich geleugnet.

c) Widerlegungen der Holocaust-Leugner:

Als ein Gericht gegen den in Kanada lebenden Rechtsextremisten Ernst Zündel Anklage wegen Holocaustleugnung

erhob, beauftragte dieser den Amerikaner Fred Leuchter, ein Gerichtsgutachten zu erstellen. Dieser selbst ernannte „Ingenieur und Fachmann für Hinrichtungen“ verfasste daraufhin den sogenannten „Leuchter-Report“, der seit 1988 kursiert. Bis heute versuchen Rechtsextreme und Leugner des Holocaust damit zu argumentieren, dass die Morde in Auschwitz und allen anderen Vernichtungsstätten aus technischen Gründen nicht möglich gewesen wären.
1994 widerlegte die amerikanische Wissenschaftlerin Deborah Lipstadt in einem Buch die Thesen der Holocaustleugner. Der britische Historiker David Irving verklagte sie daraufhin auf Schadenersatz, verlor jedoch den Prozess, da die Gutachten der Sachverständigen eindeutig bewiesen, dass in Auschwitz eine systematische Ermordung von Jüdinnen und Juden durch Vergasung mit anschließender Verbrennung stattgefunden hat.

d) Holocaust-Relativierung:

Da die Beweise für den Holocaust erdrückend sind, wird immer wieder versucht, die systematische Ermordung der europäischen Jüdinnen und Juden zu relativieren und zu verharmlosen. Dies kann auf unterchiedliche Weise geschehen: Es werden die Opferzahlen, die sowieso sehr zurückhaltend geschätzt sind, infrage gestellt. Es gibt Gleichsetzungen mit anderen Völkermorden, um den besonderen Charakter infrage zu stellen. Es wird auf die Sondersituation des Weltkriegs verwiesen, um die Täter zu entlasten, oder es wird auf die positiven Seiten der deutschen Geschichte verwiesen. Die Verbrechen werden einigen wenigen Akteuren zugerechnet, um die Vielzahl an Mittätern, Mitläufern und Zuschauern zu entlasten. Holocaust-Relativierung kann auch vorliegen, wenn im Hinblick auf die Erinnerung an den Holocaust für einen Schlussstrich plädiert wird.

d) Holocaust-Leugnung als Straftatbestand:

Jede Rechtfertigung der nationalsozialistischen Herrschaft geht auf Kosten der Menschenwürde all derer, die unter ihr gelitten haben. Die Leugnung des Holocaust ist weder eine persönliche Ermessens- noch eine wissenschaftliche Streitfrage, sondern Teil einer rechtsextremen Ideologie. Deshalb wurde die „Auschwitz-Lüge“ unter Strafe gestellt: Durch ein Urteil des Bundesgerichtshofs wurde 1979 entschieden, dass das Leugnen der Judenverfolgung und -vernichtung im „Dritten Reich“ eine Fortsetzung der Diskriminierung der betroffenen Menschen bedeute und somit strafbar sei. Diesem Grundsatz folgend gilt die Holocaustleugnung heute als Straftatbestand – seit 1985 als Beleidigung und seit 1994 als Volksverhetzung – und kann gemäß §130 des Strafgesetzbuches mit bis zu fünf Jahren Freiheitsstrafe geahndet werden. Auch im Internet, in dem gehäuft Holocaust-Leugnung und Relativierung zu verzeichnen ist, ist die Verbreitung derartigen Gedankenguts seit dem Jahr 2000 verboten.

M 8 Schuhe in Auschwitz vergaster Menschen

Foto, 1945

M 9 Demonstration von Neonazis

Propaganda-Aktion der neonazistischen „Aktionsfront Nationaler Sozialisten“ in Hamburg 1978.
Die schwarze Kleidung mit Totenkopf-Abzeichen tragenden jungen Männer führten Plakate mit sich, auf denen zu lesen ist: „Ich Esel glaube noch, dass in deutschen KZs Juden vergast wurden.“

Holocaust-Leugnung und Relativierung – mit Darstellungen arbeiten

M 10 Beweise für die Gaskammern

In ihrem Buch „Betrifft: Leugnen des Holocaust“ setzt sich die amerikanische Historikerin Deborah E. Lipstadt mit der Behauptung auseinander, es habe in Auschwitz keine Gaskammern gegeben. Dazu fasst sie die Ergebnisse des französichen Forschers Pressac zusammen (1994):

Bei einem Aufenthalt in Auschwitz [...] wurde Pressac eine Reihe von Akten vorgelegt, die weit mehr als den „einen einzigen Beweis“ liefern, auf dem die Holocaust-Leugner bestehen. Bei späteren Reisen entdeckte er zusätzliches, unter anderem bis dahin unveröffentlichtes Material. Seit dem Erscheinen seines Buches 1989 hat er in ehemals sowjetischen Archiven weitere Dokumente aufgestöbert, welche den völligen Aberwitz der Unterstellung enthüllen, es gebe keine Unterlagen oder Beweisdokumente zu den Gaskammern. [...] Unter anderem liegen Auftragserteilungen, Materialanfragen, Eintragsformulare für geleistete Arbeitszeit, technische Instruktionen, Rechnungen und Fertigstellungsberichte vor, die samt und sonders unmissverständlich zeigen, dass die Gaskammern zu keinem anderen Zweck gedacht waren, als Menschen darin umzubringen. Die mit der Entwicklung und Installierung der Gaskammern beauftragte Firma hieß „Topf und Söhne“. Das Material setzt sich zu einem überwiegenden Teil aus Arbeitsberichten zusammen, die sie ihren Lieferanten und Zivilangestellten der SS unterbreiteten. In der Regel suchten sie den Anschein zu erwecken, als bauten sie Leichenhäuser, dabei unterliefen ihnen jedoch genügend Schnitzer, sodass Konstruktion und Einbau der Todesfallen ausführlich dokumentiert sind.

- Eine Bestandsaufnahme der Apparaturen u.ä., die in Krematorium III installiert waren, registrierte den notwendigen Einbau einer Gastür und von vierzehn Duschen. Diese Gegenstände passen überhaupt nicht zusammen. Eine gasdichte Tür war nur in einer Gaskammer zu gebrauchen. Wozu hätte man in einem Duschraum eine gasdichte Tür benötigt?
- Mit diesem simplen Beweis, dass es sich nicht um einen Duschraum handelte, gab Pressac sich trotzdem noch nicht zufrieden, sondern er errechnete die Fläche, die ein einzelner Duschkopf abdeckt. Als Richtschnur benutzte er die echten Duschvorrichtungen im Ankunftsgebäude. Nach seinen Berechnungen hätte Krematorium II bei einer Größe von 210 Quadratmetern mindestens 115 Duschköpfe aufweisen müssen, keine vierzehn.
- Auf den Inventurzeichnungen sind die Wasserleitungen nicht an die Duschen angeschlossen, was der Fall gewesen wäre, hätte es sich um authentische Duschen gehandelt. [...]
- Pressac fand ein Stundenabrechnungsblatt, auf dem ein Zivilarbeiter einen bestimmten Raum im Westflügel von Krematorium IV mit „Gaskammer“ bezeichnet hatte. [...]

Am 13. Februar 1943 orderte die Zentralbauleitung von Auschwitz zwölf gasdichte Türen für die Krematorien IV und V. Den Akten im Auschwitz-Museum gemäß war die Produktion der Türen am 25. Februar beendet. Dem Arbeitsbericht der zivilen Zulieferfirma lässt sich entnehmen, dass am 28. Februar gasdichte Fenster angebracht und eingepasst wurden.

Deborah E. Lipstadt, Betrifft: Leugnen des Holocaust (übers. v. Gabriele Kosack), Zürich: Rio-Verlag 1994, S. 272–275.

M 11 Gaskammer in Auschwitz

Foto, 1995

Training

Erklärung des Operators „Bewerten“

Der Operator „Bewerten“ fordert von Ihnen ein **Werturteil**. Ein Werturteil baut auf einem historischen Sachurteil auf. Wie Sie sich erinnern, haben Sie beim historischen **Sachurteil** die Gründe, die Absichten und die Folgen eines historischen Sachverhaltes beurteilt. Beim Operator „Bewerten“ wird nun zusätzlich noch ein Werturteil gefordert, d.h. unsere heutigen Werte und Normen werden als Maßstäbe der Bewertung zugrunde gelegt, z.B.: War eine Handlung demokratisch bzw. entsprach sie unseren heutigen Wertvorstellungen von Freiheit, Gleichheit, Gleichberechtigung oder Menschenwürde?

M 12 „Auschwitz muss fallen …“

Der Historiker Christian Mentel schreibt über Holocaust-Leugner (2016):

Eine Zäsur bilden die 1990er-Jahre, als sich der Holocaust im Zentrum der deutschen Gedenk- und Erinnerungskultur etabliert hatte und 1994 das Bestreiten des Holocaust als Volksverhetzung (§ 130, 3 StGB) symbolträchtig unter Strafe gestellt wurde […]. Auch wenn Negationismus [= Leugnung von Völkermord] bereits vor dieser Gesetzesänderung geahndet werden konnte, wird seitdem meist vermieden, den Holocaust in eindeutiger Weise in Abrede zu stellen. Vermehrt treten an die Stelle der Holocaustnegation nun erstens Argumentationen gegen deren Strafbarkeit, die an zahlreiche skeptische und ablehnende Auffassungen auch von Juristen anknüpfen, die negationistischer Neigungen oder Sympathien völlig unverdächtig sind. Zweitens finden vermehrt vielsagende, aber meist nicht justiziable [nicht strafrechtlich verfolgbare] Andeutungen Anwendung, die in der Öffentlichkeit weniger Abwehr als die stigmatisierte Negation hervorrufen. In vielen Fällen sind diese anschlussfähig an aktuelle Ereignisse und Debatten, insbesondere an den Nahostkonflikt, das deutsch-israelische Verhältnis oder die sichtbare Präsenz jüdischen Lebens in Deutschland. Das Schwergewicht hat sich damit von Aussagen wie „der Holocaust ist eine Lüge der Juden, um die Deutschen finanziell auszupressen“ hin zu „die Juden machen heute das Gleiche mit den Palästinensern wie die Nazis früher mit den Juden“ verschoben. […]
Holocaustnegation basiert folglich auf klassischen antisemitischen Ressentiments. Ohne das wahnhafte Konstrukt einer omnipotenten [allmächtigen] jüdischen Weltverschwörung, ohne das vom raffgierigen, machtbesessenen Juden ist Negationismus kaum denkbar. Nach wie vor wird die Negation des Holocaust zum altbekannten Zweck eingesetzt – also um Juden als Juden anzugreifen. Daneben wird Holocaustnegation auf der extremen Rechten jedoch auch für abstraktere Ziele dienstbar gemacht. Der als „Auschwitz-Lüge“ bezeichnete Holocaust sei demnach ein Instrument, mit dem fremde Mächte das deutsche Volk unterjochen und niederhalten würden, was durch die strafrechtliche Sanktionierung der Holocaustnegation flankiert und abgesichert werde. Damit wird der Negationismus dazu benutzt, die Bundesrepublik als gegen die deutsche Volksseele gerichteten, oktroyierten Marionettenstaat [von außen aufgezwungener Staat, der von anderen dirigiert wird] zu delegitimieren und verurteilte Negationisten zu Verfolgten und Märtyrern der Redefreiheit zu stilisieren. So zentral der Negationismus beziehungsweise der Kampf gegen dessen Strafbarkeit für einige auch ist: Für die extreme Rechte als Ganze stellt die Holocaustnegation nur eine Argumentationsfigur unter anderen dar. Dies darf jedoch nicht verdecken, dass mittlerweile eine weitere Stoßrichtung des Negationismus breiten Raum einnimmt, die nicht nur der extremen Rechten zuzuordnen ist. Indem der Holocaust zunehmend als fiktionaler Gründungsmythos des Staates Israel bezeichnet und Letzterem dadurch seine Legitimität und sein Existenzrecht – zumindest in Palästina – abgesprochen wird, erhält die antisemitische Argumentationsform Negationismus eine zusätzliche antizionistische Komponente. Die Negation des Holocaust wird so zunehmend als aktuell-politisches Argument gebraucht, das von unterschiedlichen und in weltanschaulicher Hinsicht ansonsten nicht überein zu bringenden Gruppen adaptiert werden kann. Dieses richtet sich weniger gegen das historische Ereignis an sich, sondern mehr gegen dessen Deutung – und gegen das, was aus dieser Deutung vermeintlich oder tatsächlich abgeleitet wird.

Christian Mentel: „Auschwitz muss fallen …“. Die Negation des Holocaust und die extreme Rechte in der Bundesrepublik; in: Hans-Peter Killguss/Martin Langebach (Hg.): „Opa war in Ordnung!“ Erinnerungspolitik der extremen Rechten, Köln: NS-Dokumentationszentrum der Stadt Köln 2016, S. 122, 127.

Aufgaben

Holocaust-Leugnung

a) Stellen Sie die Belege zusammen, die laut der Historikerin Deborah Lipstadt (M10) für die Existenz und die Benutzung von Gaskammern sprechen.
b) Fassen Sie die Merkmale der heutigen Leugnung des Holocaust zusammen, die der Historiker Christian Mentel (M12) anführt.
c) Erläutern Sie die Bedeutung des „Negationismus“ [der Leugnung des Völkermords] für die öffentliche Diskussion in der Bundesrepublik Deutschland.
d) Bewerten Sie die Holocaust-Leugnung. Unterscheiden Sie dabei zwischen Sach- und Werturteil. Verwenden Sie auch den Trainingskasten auf Seite 44.

→ M10 – M12, Trainingskasten

Der 17. Juni 1953: Zeitzeugen erinnern sich

Am 17. Juni 1953 gab es, ausgehend von Ostberlin, in mehreren hundert Städten der DDR Protestdemonstrationen und schließlich Aufstände, die nur mithilfe sowjetischer Panzer niedergeschlagen werden konnten. Wie war es dazu gekommen? Zwei Zeitzeugenberichte aus dem Jahr 2003 geben teils unterschiedliche Hinweise. Welches Potenzial liefern Zeitzeugen für die Rekonstruktion von Geschichte?

M 1 Zeitzeugenberichte

a) Berthold Falkenthal, Maurer beim VEB (Volkseigener Betrieb) Bau auf der Baustelle der Polizeiinspektion Berlin-Ostbahnhof berichtete 2003:

Auf der Baustelle herrschten Gerüchte, dass es tatsächlich zum Generalstreik kommen würde. So entschlossen wir uns zum Marsch zur Leipziger Straße. Jetzt ging es aber nicht mehr nur um die Normerhöhung, sondern um viele andere politische Ziele: Rücktritt der Regierung, Auflösung der Jugendorganisation „Dienst für Deutschland“ und Wiederherstellung der Einheit Deutschlands. [...]
So marschierten wir mit mehreren zehntausend Bauarbeitern über den Strausberger Platz in Richtung Alex. Am Platz stießen dann die sowjetischen Panzer zu uns. Wir wurden von beiden Seiten eingezwängt und bis zum Regierungsgebäude begleitet. Am Alexanderplatz erzählte man uns, dass dort ein 17-jähriger junger Mann von einem Panzer überrollt worden sei. [...] Gegen 10.30 Uhr griffen dann die sowjetischen Panzer ein. Sie fuhren langsam auf die Menschenmenge zu. [...] Wir [...] suchten uns Riegel vom Bau. [...] Diese steckten wir in die Ketten der Panzer. Dadurch waren die gezwungen anzuhalten. Da die Demonstration nicht aufgelöst werden konnte, setzte der damalige Stadtkommandant seine Elitetruppe ein. Ab 11 Uhr stiegen diese in die Panzer [...]. Dann drehten diese die Kanonenrohre in Kopfhöhe herunter und immer rund herum, sodass wir gezwungen waren auseinanderzugehen, sonst hätten wir Kopfverletzungen erleiden können. Da aber trotzdem die Arbeiter Widerstand leisteten, gab man den Schießbefehl. Die ersten Schüsse fielen am Nebeneingang vom Ministerium. Dort schoss man einem jungen Mann in die Beine. Sie wollten versuchen, das Gebäude zu stürmen. Auch schoss man dann in die Menschenmenge. [...] Das Gebäude brannte gänzlich aus. Gegen 13 Uhr hatten die Machthaber der DDR alles wieder einigermaßen im Griff.

Peter Lange/Sabine Ros (Hg.), 17. Juni 1953 – Zeitzeugen berichten. Protokoll eines Aufstandes, Münster: LIT Verlag 2004, S. 83f.

b) Käthe Miercke, SED-Aktivistin berichtete 2003:

Zur Arbeit am 17. kamen wir noch pünktlich, die Jungen unter uns erschienen in FDJ-Kleidung. Die Meldungen aus dem Radio kündeten von Arbeitsniederlegungen, vor allem von Bauarbeitern in der Stalinallee, die in ladenneuen Maureranzügen dahergelaufen kamen. [...]
Es ist schwer zu schildern, welche Gefühle wir durchlebten angesichts der immer neuen Berichte des Rundfunks, die von Zerstörungen an Gebäuden und Gewalttätigkeiten gegenüber Mitgliedern der SED, Mitarbeitern in den Büros der Nationalen Front und Menschen, die versuchten, sich der wild gewordenen Masse entgegen zu stellen, kündeten. Als die Nachricht kam, dass vom Stadtrand her sowjetische Panzer anrückten, fielen wir uns in die Arme, weil nun der Spuk sicherlich bald zu Ende gehen würde. Die Panzer fuhren langsam auf die Zentren der Krawalle zu, aber es wurde nicht geschossen. Die anfangs in den Luken stehenden Soldaten waren gezwungen, sich durch das Schließen der Luken zu schützen, denn die Fahrzeuge wurden von vorwiegend jungen Aufwieglern mit Steinen beworfen. Als dann die Kanonenrohre bewegt wurden, flohen sie wie die Hasen und stoben davon, verschwanden zu den ja noch offenen Zugängen nach Westberlin.
Diese Schilderung ist wahr, unsere zurückgekehrten Mitarbeiter sahen sie mit eigenen Augen. Sie hatten aber auch erleben müssen, wie eine Horde junger Männer einem älteren Genossen den Kopf an einer Bordsteinkante zerschlugen. Eine lähmende Ruhe legte sich über die Innenstadt. Die Panzer blieben längere Zeit stehen. [...]
Auf meinem (Heim-)Weg sah ich zahlreiche, noch schwelende Brandstätten; in den Straßen – ich benutzte Nebenstraßen – herrschte eine gespenstische Stille.

Peter Lange/Sabine Ros (Hg.), 17. Juni 1953 – Zeitzeugen berichten. Protokoll eines Aufstandes, Münster: LIT Verlag 2004, S. 116.

M 2 **Demonstranten stellen sich auf dem Potsdamer Platz in Ost-Berlin einem sowjetischen Panzer entgegen.**
Foto, 17.06.1953

M 3 Kurzer Abriss der Vorgeschichte, des Verlaufs und der Folgen des 17. Juni 1953

20. April	in der DDR werden die Preise für rationierte Lebensmittel erhöht.
14. Mai	Zentralkomitee der SED beschließt Erhöhung der Arbeitsnormen um mindestens 10 Prozent.
28. Mai	DDR-Ministerrat ordnet Erhöhung der Arbeitsnormen um 10,3 Prozent an.
9. Juni	SED-Politbüro verkündet auf Druck der UdSSR „neuen Kurs", Normerhöhungen bleiben.
12. Juni	Kleinere Streiks und Demonstrationen in mehreren Städten der DDR und Ost-Berlin
16. Juni	DDR-Gewerkschaftszeitung „Tribüne" schreibt: Normerhöhungen „sind (...) richtig", 80 Bauarbeiter der Stalinallee streiken gegen Normerhöhung, Großdemonstration von ca. 10 000 Menschen vor „Haus der Ministerien" in der Leipziger Straße (Ost-Berlin).
17. Juni	Streiks weiten sich aus, über 167 von 217 Landkreisen wird in der DDR der Ausnahmezustand verhängt, Schätzungen über Beteiligte schwanken zwischen 400 000 und 1,5 Mio. Menschen.
18. Juni	Verhaftungen (u.a. Ost-Berlin, Leipzig, Magdeburg), erste Todesurteile von sowjetischen Standgerichten
21. Juni	Zentralkomitee der SED nimmt Normerhöhung vom Mai zurück und bezeichnet den Aufstand als vom Westen gesteuerte „faschistische Provokation". Nachgewiesen sind mindestens 55 Todesopfer, bis. 6. Juli ca. 10 000 Verhaftungen.

„Staatssicherheit"

1972: Grundlagenvertrag

17. Juni 1953: Aufstand gegen das SED-Regime

Planwirtschaft

Mauerbau

1949: Gründung der beiden deutschen Staaten

Aufgaben

Der 17. Juni 1953: Zeitzeugen erinnern sich

a) Stellen Sie mithilfe von M2 und M3 die Ereignisse des 17. Juni 1953 dar. Gehen Sie dabei auch auf die Vorgeschichte und die Folgen ein. Verwenden Sie dafür auch die GDB auf dieser Seite sowie die Seiten 52–53 zum historischen Hintergrund.
b) Fassen Sie die zentralen Aussagen der beiden Zeitzeugen (M1) knapp zusammen.
c) Erläutern Sie, welche Aspekte jeweils im Vordergrund stehen und wie diese geschildert werden.
d) Analysieren Sie die beiden Aussagen im Hinblick auf die Einstellung der beiden Zeitzeugen zu den Ereignissen.
e) Untersuchen Sie, welche Informationen die Aussagen enthalten, die anderweitig nicht zu gewinnen wären.
f) Beurteilen Sie auf Grundlage von M4–M6 die Chancen und Grenzen von Zeitzeugenaussagen für die historische Forschung.

M1–M6, GDB auf dieser Seite

Der 17. Juni 1953: Zeitzeugen erinnern sich

M 4 Tat- oder Augenzeuge – Zeitgenosse – Zeitzeuge?– Infotext

Etwas „bezeugen“ oder „von etwas Zeugnis ablegen“ sind Begriffe aus dem Gericht sowie aus dem Bereich politischer oder religiöser Bekenntnisse. Tatsächlich zeugen Zeitzeugen von einer oft politischen Haltung in einer bestimmten Situation oder Zeit, z. B. im Nationalsozialismus. Anders als bloße Zeitgenossen sind Zeitzeugen auch Tat- oder Augenzeugen bzw. Akteure. Durch ihre Zeitzeugenaussagen werden sie Teil der sogenannten „Oral History“, der mündlich erzählten Geschichte. Zunehmend werden ihre Aussagen ins Schriftliche transkribiert oder stehen digitalisiert als Texte oder als gefilmte Interviews im Netz. Sogenannte „Zeitzeugenbörsen“ oder „Zeitzeugenportale“ sammeln solche Aussagen unter thematischen oder biografischen Gesichtspunkten. Diese Sammlungen werden so Teil eines „kollektiven Gedächtnisses“ und stehen künftigen Generationen zur Verfügung. Wie auch andere Quellen sind Zeitzeugenaussagen perspektivisch und interessengeleitet. Ihre sorgfältige Analyse ist daher ebenso wichtig wie ein Abgleich mit historischen Quellen und ein Blick in das Impressum der jeweiligen Anbieter und Organisationen im Internet.

M 5 Zeitzeugenaussagen

Der Historiker Michael Sauer schreibt (2006):

„Oral History“ nennt man die Methode, durch Befragung von Zeitzeugen etwas über Geschichte zu erfahren. [...] Für den Geschichtsunterricht bietet sie eine ganze Reihe von Vorzügen, aber auch Gefahren. Die Vorteile:

Wer Zeitzeugen interviewt, erfährt eine unmittelbare Begegnung mit gelebter, gleichsam authentischer Historie. Geschichte „aus erster Hand“ [...].

Zeitzeugen rücken Aspekte von Geschichte ins Bewusstsein, die bei der Behandlung der „großen Geschichte“ oft zu kurz kommen. Sie erzählen meist eine „Geschichte von unten“, berichten, wie sie als „kleine Leute“ in historischen Verhältnissen gelebt und geschichtliche Ereignisse erfahren haben. Mit anderen Worten: Zeitzeugen können vor allem zu alltags- und mentalitätsgeschichtlichen Einsichten verhelfen. [...]

Gerade die Faszination von Zeitzeugen kann aber auch gefährlich sein. Was ein Zeitzeuge erzählt, wird leicht für bare Münze genommen — er war ja schließlich dabei. [...] Aus diesem Grunde ist für Schülerinnen und Schüler die Einsicht elementar, dass Zeitzeugenaussagen subjektive Zeugnisse der Vergangenheit sind: Wie alle Arten von Quellen müssen sie kritisch im Hinblick auf Perspektive, Werturteile usw. befragt werden.

Michael Sauer, Geschichte unterrichten, Seelze: Klett Kallmeyer 2006 (5. Aufl.), S. 238.

M 6 „Das eingebildete Leben“

Im Wochenmagazin „Der Spiegel“ schreibt der Journalist Manfred Dworschak (2016):

Für die Gedächtnisforschung sind neue Zeiten angebrochen. [...] Erinnerungen, so zeigt sich, unterliegen einem steten Wandel; und die Mitmenschen haben darauf großen Einfluss: Fast jedes Gespräch über die Vergangenheit verändert den Gedächtnisinhalt der Beteiligten. [...]

Wissenschaftler [...] sprechen von einer „sozialen Wende“ in der Gedächtnisforschung. [...] So entstehen gemeinsame Geschichten und Anekdoten, die nicht unbedingt stimmen müssen. Wir teilen ein Bild der Vergangenheit, Irrtümer und Trugbilder eingeschlossen. Die falsche Erinnerung [...] gehört [...] zur Grundausstattung unserer sozialen Natur. Sie ist [...] unvermeidlich.

[...] Das Gehirn arbeitet nicht wie eine Kamera, die eine Szene vollständig und innerlich unbeteiligt aufnimmt. Es speichert nur die einprägsamsten Fragmente [...]. Alle diese Eindrücke bleiben in den verschiedensten Regionen des Gehirns haften. [...] Beim Erinnern werden nun diese verstreuten Fragmente zusammengekramt. Die vielen Lücken kann ich nun dank meines Vorstellungsvermögens ziemlich plausibel füllen [...]. „Wenn wir uns erinnern, bauen wir jedes Mal eine neue Geschichte auf“, sagt die Psychologin Shaw. „Und dabei kommt es leicht zu Fehlern. [... F]ür perfekte Abbilder des Vergangenen ist das Gedächtnis gar nicht gemacht. Es ist gut darin, Erfahrungen zu speichern – vor allem dafür hat es die Evolution hervorgebracht. Das Gedächtnis muss nicht genau sein, sondern flexibel. Es ist ein Werkzeug des Lernens und der Alltagsbewältigung und kein vollgestopftes Museum. Eben deshalb verändern sich Erinnerungen auch mit der Zeit: Nach jedem Abruf werden sie erneut gespeichert. Der neue Inhalt tritt an die Stelle des alten. [...] Nicht selten schleicht sich beim gemeinsamen Erinnern auch objektiv Falsches ein – umso leichter, wenn es das Gemeinschaftsgefühl stärkt.“

Manfred Dworschak: „Das eingebildete Leben“; in: Der Spiegel 1/2016, S. 14 ff., https://www.spiegel.de/politik/das-eingebildete-leben-a-66517e0a-0002-0001-0000-000140750217 [letzter Zugriff: 08.07.2022].

Zeitzeugenberichte über den 17. Juni 1953 – Eine Einordnung

M 7 Eine Darstellung

Die Historikerin Sabine Roß und der Historiker Peter Lange haben zahlreiche Berichte von Zeitzeuginnen und Zeitzeugen zum 17. Juni 1957 publiziert und ausgewertet. Sie schreiben in Ihrer Publikation „17. Juni 1953. Zeitzeugen berichten. Protokoll eines Aufstands" (2004):

Die in ihrer Fülle vermutlich einmalige Sammlung von Berichten über den 17. Juni, die durch den Aufruf von Peter Sodann zum Deutschlandfunk gelangte, ist sicher ein Produkt von Zufälligkeiten und nicht unbedingt repräsentativ. Das zeigt sich allein daran, dass nur etwa zehn „SED-loyale" Zuschriften eingingen, freilich immer mit der Bemerkung versehen, dass diese Sicht der Dinge ja wohl unerwünscht sei und der betreffende Bericht deshalb wohl nicht berücksichtigt werde. Auch diese Einsendungen finden sich in diesem Buch. [...]

Mit dieser Edition von Erinnerungsberichten muss die Geschichte der Erhebung vom 17. Juni 1953 sicher nicht umgeschrieben werden. Bestätigt wird im Grunde das, was Historiker mit herkömmlichem Quellenstudium bereits erarbeitet haben. Die Berichte füllen aber immer wieder die bemühte und etwas abgenutzte Floskel vom „kollektiven Gedächtnis" auf eine ebenso reizvolle wie eindrucksvolle Weise mit Leben. Nur ein paar kleine Beispiele: Dass an den Schulen am 17. Juni die DDR-weit angesetzten Prüfungen in Gesellschaftslehre ausfielen, gehört zu diesem gemeinsamen Erinnerungsbestand wie die vielen weggeworfenen Parteiabzeichen auf den Straßen vieler Orte.

Die Augenzeugen der Ereignisse in Jena erinnern sich fast alle an eine aufgehängte, im Wind schaukelnde Polizei-Uniform, die sofort Erinnerungen an die Lynchmorde an Deserteuren während der letzten Tage des NS-Regimes weckte. Überhaupt: die traumatischen Bilder und Erfahrungen aus dem Krieg, der erst acht Jahre zurücklag. Als die sowjetischen Panzer einrücken, sind sie bei den damals 15- bis 20-jährigen Menschen schlagartig präsent: Die Angst vor einem neuen Krieg ist sofort gegenwärtig. Und die etwas ältere Flakhelfergeneration weiß gleich wieder, wie sie sich zu verhalten hat und wie sich der Klang von Platzpatronen von scharfen Geschossen unterscheidet.

Zu diesem kollektiven Gedächtnis gehört auch ein Gerücht, von dem heute niemand zu sagen weiß, wer es unter welchen Umständen in die Welt gesetzt hat. 15 oder 18 oder 30 sowjetische Soldaten sollen damals den Befehl verweigert haben und deshalb erschossen worden sein. Einen Beleg dafür haben die Historiker bisher vergebens gesucht, aber in den Köpfen vieler ist diese Geschichte präsent, wie zum Beispiel bei jener Zeitzeugin, die uns schrieb: „Sollten die jungen russischen Soldaten die Befehlsverweigerung nicht überlebt haben, bekamen sie hoffentlich im Himmel einen besonderen Platz."

Peter Lange/Sabine Roß (Hg.), 17. Juni 1953 – Zeitzeugen berichten. Protokoll eines Aufstandes, Münster: LIT Verlag 2004, S. 5ff.

Aufgaben

Zeitzeugenberichte über den 17. Juni 1953 – Eine Einordnung

a) Geben Sie Inhalt und Gedankengang der Darstellung M7 strukturiert wieder.

b) Erläutern Sie die zum Verständnis des Textes notwendigen historischen Sachverhalte.

c) Erklären Sie folgende Aussage aus dem Text M7: Die Berichte füllen aber immer wieder die bemühte und etwas abgenutzte Floskel vom „kollektiven Gedächtnis". Greifen Sie dafür auf Ihr Wissen aus dem ersten Teilkapitel „Geschichte erinnern" (Seite 8–11) zurück.

d) Verfassen Sie einen zusammenfassenden Text, in dem Sie am Beispiel des 17. Juni Chancen und Probleme von Zeitzeugenaussagen für die Geschichtswissenschaft erörtern.

 M7

Der Fall der Mauer 1989 im Rückblick – eine Zeitzeugenbefragung analysieren

M 8 Nach der Grenzöffnung

Ein Auszug aus dem Gespräch mit der Zeitzeugin Ellen Sanow, die am 9. November 1989 zur Maueröffnung 31 Jahre alt war und in Thüringen lebte (2009):

Der Mauerfall war für Ellen Sanow ein bewegendes Ereignis:
Wir sind dann unmittelbar an dem Wochenende nach Berlin, weil meine Schwiegereltern dort gewohnt haben, und der erste Weg führte an die Mauer und ich habe mir Mauersteine mitgenommen. Als ich mich dann so an die Gespräche zurückerinnert hab, von meinem Vater und meiner Tante, die immer gesagt hat: ‚Die Mauer wird fallen!', das war für mich als Jugendliche ... ich dachte: ‚Na das kann überhaupt nicht sein.' Und mein Vater war auch der Meinung: ‚Die sitzen so fest im Sattel, die DDR, das kann nicht sein!' Er hat es leider nicht miterlebt. Er starb 1981, aber meine Tante hat es miterlebt. Sie ist dann noch viel gereist. Das war für mich auch immer dieser unerschütterliche Glaube, dass sich gesellschaftlich was ändern kann, wenn die Menschen es wollen.

Diese Erfahrungen prägten ihre Sicht auf die Veränderungen von 1989/90:
Für mich war es auf alle Fälle ein Gewinn. Weil ich mich dadurch ganz anders verwirklichen konnte, weil gewisse gesellschaftliche Schranken weg waren und man einfach diesen Hauch von Freiheit gespürt hat: Du kannst alles werden, wenn du die Kraft investierst. Das gab es vorher nicht, da hat die Partei gesagt, wo es lang geht, da hatten gewisse andere Leute das Sagen, wo du dich fügen musstest, und wenn du aufbegehrt hast, wurde dein Leben noch schwerer. Das waren ganz andere Möglichkeiten, die man jetzt nutzen konnte und die ich, denke ich, auch für mich genutzt habe.
Gut war für mich, dass ich bauen konnte, weil mir sonst mein Haus zusammengefallen wäre, und auch die freie Entwicklung, die mein Kind nehmen konnte, weil, wenn wir so geblieben wären, hätte er die Laufbahn seines Vaters auch einschlagen sollen, also sprich, in die Armee gehen. Letztlich ist meine Ehe an der Wende zerbrochen, denn da waren unsere beiden Berufe plötzlich weg. Wir mussten uns beide neu orientieren. Der eine hat es geschafft, der andere vielleicht weniger.

Ellen Sanow: „Dir wurde nichts mehr in den Schoß gelegt", Interview mit Carolin Mittenentzwei, in: Agnès Arp, Anette Leo (Hg.), Mein Land verschwand so schnell ... 16 Lebensgeschichten und die Wende 1989/90, Weimar: wtv-Campus 2009, S. 150ff.

M 9 Frühjahr 1989

Erinnerungen von Tobias Klinkberg aus Wolfenbüttel in Niedersachsen. Das Gespräch wurde 2015 geführt:

Im Jahr der Grenzöffnung zwischen der Bundesrepublik Deutschland und der Deutschen Demokratischen Republik 1989 war ich gerade 6 Jahre alt. Dennoch kann ich mich an einige Geschehnisse erinnern. [...]
Im Frühjahr des Jahres 1989 ist mein Vater mit mir ein- oder zweimal zur Grenze Mattierzoll gefahren. Ich erinnere mich, dass wir unser Auto auf einem Parkplatz abgestellt haben und dann zu Fuß weitergegangen sind. Bis zu einer Art Schranke, an der ein Schild mit der Schrift „Achtung Zonengrenze" befestigt war. Von dort aus konnte man den mir damals sehr hoch erscheinenden Wachturm und den Grenzzaun sehen. Oben im Wachturm konnten wir Grenzbeamte mit Ferngläsern beobachten. [...]
Damals wusste ich noch nicht viel über die Politik und die Zustände in der DDR. Mein Vater erklärte mir zwar das Grundlegende, aber genaue Einzelheiten verstand ich noch nicht. Ich erfuhr auch erst später, dass auf Flüchtlinge aus der DDR an der Grenze geschossen wurde. Hätte ich das damals gewusst, hätte ich möglicherweise nicht gewollt, dass wir zur Grenze fahren. [...]
Am 12.11.1989 (Sonntag) wurde die Grenze in Mattierzoll geöffnet. Wie meine Eltern mir erzählten, erfuhren wir davon aus dem Radio. Am Nachmittag sind wir dann zur Grenze gefahren. Auf dem Weg kam uns schon eine lange Schlange von Trabbis entgegen, die Fahrer hatten ihre Scheibenwischer hochgeklappt und winkten damit zum Gruß. Direkt am Grenzübergang waren riesige Menschenmassen unterwegs. Alle jubelten, winkten und freuten sich. Menschen aus Ost und West lagen sich in den Armen. Das war sehr beeindruckend.

Tobias Klinkberg: „Die Wiedervereinigung Deutschlands", in: LeMO-Zeitzeugen, Lebendiges Museum Online, Stiftung Haus der Geschichte der Bundesrepublik Deutschland; https://www.hdg.de/lemo/zeitzeugen/tobias-klinkberg-die-wiedervereinigung-deutschlands.html [letzter Zugriff: 08.07.2022].

Training

Eine Zeitzeuginnen- oder eine Zeitzeugenbefragung durchführen und auswerten

Quellen sind die Grundlage für das, was wir über die Vergangenheit wissen. Neben der schriftlichen, bildlichen und gegenständlichen Überlieferung spielt die mündliche eine besondere Rolle. Im Alltag ist sie selbstverständlich, auch wenn uns das nicht immer bewusst ist, z. B. wenn Großeltern ihren Enkeln von früher erzählen, als sie selbst noch jung waren. Doch ist zu bedenken, dass es sich um die Meinungen Einzelner handelt, die nicht unbedingt allgemeingültig sind. Für die Durchführung einer Befragung von Zeitzeuginnen oder Zeitzeugen können folgende Arbeitsschritte sinnvoll sein:

1. Vorbereitung

a) Informieren Sie sich umfassend über Ihr Thema und den historischen Hintergrund (Schulbücher, Lexika, Fachbücher, Internet).
b) Legen Sie fest, welche Interviewziele Sie verfolgen: Wollen Sie die Zeitzeugin oder den Zeitzeugen nach thematischen oder biografischen Aspekten befragen?
c) Suchen Sie nach einer geeigneten Person (Großeltern, Nachbarn ...).
d) Holen Sie erste Informationen über die Zeitzeugin oder den den Zeitzeugen ein (Name, Alter, damalige und aktuelle Funktionen, Lebensstationen).
e) Kümmern Sie sich um die Aufzeichnung des Gesprächs (Mitschrift, Audioaufnahme oder Video).
g) Entwickeln Sie „erzählgenerierende Fragen", die offen formuliert sind und zum Erzählen anregen.

2. Durchführung des Interviews

a) Wählen Sie einen geeigneten Ort für das Gespräch aus. Bedenken Sie, dass die Umgebung als „Interpretationsrahmen" ein Gespräch beeinflusst.
b) Stellen Sie sich vor und berichten Sie noch einmal kurz von Ihrem Projekt.
c) Bemühen Sie sich um „aktives Zuhören" und darum, den Redefluss der Gesprächspartnerin oder des Gesprächspartners nicht zu beeinflussen.
d) Formulieren Sie „erzählgenerierende" Nachfragen, indem Sie z. B. etwas aufgreifen, das schon gesagt wurde.
e) Stellen Sie gegen Ende auch detaillierte Nachfragen, um direkte Informationen zu erhalten und eventuelle Lücken zu schließen.

3. Auswertung und Quellenkritik

a) Halten Sie erste Eindrücke in einem Gesprächsprotokoll fest.
b) Ermitteln Sie Schwerpunktsetzungen der Zeitzeugin oder des Zeitzeugen. Grenzen Sie die Wiedergabe von Erlebnissen von Deutungen ab.
c) Beantworten Sie folgende Fragen: Wie alt war die Zeitzeugin oder der Zeitzeuge zum Zeitpunkt des Geschehens? Wie nah war sie oder er am Geschehen?
d) Bestimmen Sie, was zu welchem Thema gesagt wurde und ob auf Fragen geantwortet wurde.
e) Erschließen Sie die Struktur der Erzählung. Untersuchen Sie, wie die Zeitzeugin oder der Zeitzeuge die Darstellung aufbaut. Analysieren Sie, wie sie oder er sich selbst im Geschehen darstellt und ob bestimmte Botschaften an den Zuhörer vermittel werden sollten.

Aufgaben

Eine Zeitzeugenbefragung durchführen

a) Arbeiten Sie aus den beiden Zeitzeugenberichten M8 und M9 die verschiedenen Perspektiven auf die Wiedervereinigung heraus.
b) Suchen Sie in Ihrer Verwandtschaft oder im Bekanntenkreis Menschen, die den 9. November 1989 miterlebt haben. Führen Sie eine Zeitzeugenbefragung durch. Verwenden Sie dafür den Trainingskasten auf dieser Seite.
c) Vergleichen Sie im Klassenverband die Aussagen Ihrer Zeitzeugen.
d) Beurteilen Sie das Potenzial der Zeitzeugenberichte für die Darstellung von Geschichte.

M8, M9, Trainingskasten auf dieser Seite

Aufgaben

Historischer Hintergrund – Wiederholung
Erstellen Sie auf Grundlage des Textes auf dieser Doppelseite eine Zeitleiste zur Entwicklung in der DDR von 1952 bis 1955. Stellen Sie Bezüge zu den Bildern auf diesen Seiten her.
→ Text, Bilder M1–M3

Aufbau des Sozialismus und der 17. Juni in der DDR

Die fest gefügten Machtverhältnisse, die sich im politischen System der DDR widerspiegelten, sollten nicht darüber hinwegtäuschen, dass auch die Geschichte der DDR von unterschiedlichen Phasen und zahlreichen Umbrüchen gekennzeichnet war. Das Land war keineswegs frei von Spannungen, sowohl innerhalb der SED als auch im Verhältnis zur Sowjetunion. Überdies musste die DDR-Regierung immer wieder auf Widerstände aus der Bevölkerung reagieren, bei denen die Wahrnehmung der westdeutschen Entwicklung eine erhebliche Rolle spielte.

Die II. Parteikonferenz von 1952 und ihre Folgen

Auf der II. Parteikonferenz der SED vom 9. bis 12. Juli 1952 verkündete Generalsekretär Walter Ulbricht den „planmäßigen Aufbau des Sozialismus“. Die Überreste der nichtsozialistischen Gesellschaft sollten beseitigt und die Sowjetisierung der DDR zum Abschluss gebracht werden. Zu diesem Zeitpunkt stand die DDR vor erheblichen wirtschaftlichen Schwierigkeiten, u. a. verursacht durch die hohen Reparationen, die an die Sowjetunion zu leisten waren, und durch den Ausbau des eigenen Sicherheitsapparates. Eine Verbesserung der Situation versprach sich die Regierung von der Verstaatlichung der Wirtschaft durch die breite Etablierung Volkseigener Betriebe (VEB). In ihrem ersten Fünfjahresplan, der bereits seit 1951 lief, setzte die DDR gemäß dem Vorbild der Sowjetunion verstärkt auf den Ausbau der Schwerindustrie. Diese einseitige Orientierung ging jedoch zulasten der Bevölkerung: Die Konsumgüterindustrie, der Dienstleistungssektor und der Wohnungsbau wurden vernachlässigt, der Lebensstandard blieb weiterhin niedrig, zugleich wurden aber die Preise für Konsumgüter erhöht.

Zur sozialistischen Umgestaltung gehörte auch die Kollektivierung der Landwirtschaft. Da die Erträge der durch die Bodenreform entstandenen Kleinwirtschaften den Bedarf des Landes nicht decken konnten, wurden die Kleinwirtschaften zu größeren Landwirtschaftlichen Produktionsgenossenschaften (LPG) zusammengeschlossen. Anfangs erfolgte der Beitritt zur LPG auf freiwilliger Basis, später auch unter Anwendung von Zwangsmitteln.

M 1 „Von den Sowjetmenschen lernen heißt siegen lernen“

Propagandaplakat, um 1951, Der russische Text auf dem Plakat lautet: „Hier arbeitet die Brigade des Stalinpreisträgers Hilfsmeister A. Tschutkich – Erzeugt nur beste Qualität“.

Die Kehrtwende kommt zu spät – der „Neue Kurs“ von 1953

Die mangelhafte Versorgung mit Konsumgütern führte in der Bevölkerung der DDR zur Frustration. Zudem fühlten sich die Bürger in ihrer Freiheit eingeschränkt. Wer sich den staatlichen Weisungen widersetzte, musste mit Strafverfolgung rechnen. Weitere Maßnahmen wie z. B. Repressionen gegen die Evangelische Kirche, der zu Beginn der DDR noch 80 % der ostdeutschen Bevölkerung angehörten, taten ihr Übriges. Zwischen Januar 1951 und April 1953 verließen Tausende von Menschen das Land in Richtung der wirtschaftlich florierenden Bundesrepublik. Die Situation verschärfte sich, als die SED-Führung die Arbeitsnormen um weitere 10 % erhöhte.

Unterdessen erfolgte in der UdSSR mit dem Tode Stalins am 5. März 1953 ein Politikwechsel: Die neue Führungsriege der KPdSU, die im Hinblick auf den Ost-West-Konflikt lieber auf Deeskalation setzen wollte, forderte auch die SED zur Kursänderung auf. Schon in den folgenden Tagen gab die SED-Führung öffentlich bekannt, „eine Reihe von Fehlern begangen“ zu haben, und kündigte Maßnahmen zur Verbesserung des Lebensstandards der Bevölkerung an. Da die SED in diesem neuen Kurs die Erhöhung der Arbeitsnormen jedoch beibehalten wollte, konnte die Eskalation nicht mehr gestoppt werden.

Der Volksaufstand vom 17. Juni 1953

Am 16. Juni 1953 legten Bauarbeiter zweier Großbaustellen in Ost-Berlin ihre Arbeit nieder und zogen mit der Forderung, die Normerhöhung zurückzunehmen, durch die Stadt. Bis zum nächsten Tag schlossen sich weitere Menschen den Protesten an. Die Nachricht von den Unruhen in Berlin verbreitete sich im ganzen Land. In über 500 Städten und Orten der DDR kam es zu spontanen Demonstrationen und Streiks. Zu den wirtschaftlichen Zielen der Demonstranten gesellten sich schnell politische Forderungen nach dem Rücktritt der SED-Regierung und nach freien Wahlen sowie nach der Wiedervereinigung Deutschlands.

Der Volksaufstand vom 17. Juni 1953 machte offenkundig, dass die SED-Politik vier Jahre nach Staatsgründung kaum Rückhalt in der ostdeutschen Bevölkerung besaß. Die Hoffnungen der Aufständischen auf eine Änderung ihrer Lage wurden jedoch nicht erfüllt: Im Laufe des 17. Juni beendeten sowjetische Panzer die Demonstrationen mit militärischer Gewalt.

M 2 „Volksaufstand"
Leipziger Straße in Ost-Berlin, Foto, 17. Juni 1953 (Ausschnitt)

Die Folgen des Aufstands

Der Volksaufstand und seine Niederschlagung verursachten in ganz Deutschland einen Schock. Während die westdeutsche Regierung den 17. Juni zum „Tag der deutschen Einheit" proklamierte und der Aufständischen gedachte, interpretierte die DDR-Führung die Unruhen als „faschistischen Putsch", angezettelt von ausländischen Kräften. Die SED nutzte die Ereignisse, um ihren Parteiapparat zu „reinigen", und baute das Überwachungssystem des Ministeriums für Staatssicherheit (MfS) weiter aus. Sie hielt aber gleichzeitig am wirtschaftspolitischen „Neuen Kurs" fest, der die Lage der Bevölkerung verbesserte.

Die Bevölkerungsverluste nahmen trotzdem nicht ab: Von 1945 bis 1961 verließen schätzungsweise 3,6 Millionen Menschen die SBZ bzw. die DDR in Richtung Westen. Diese Menschen waren oft gut ausgebildete Fachkräfte, etwa die Hälfte von ihnen war jünger als 25 Jahre. Die Folgen für die Wirtschaft der DDR waren verheerend. Bereits 1952 begannen Versuche, diesen Flüchtlingsstrom einzudämmen, indem militärische Einheiten die Grenze zur Bundesrepublik mit Stacheldraht absperrten. Aufgrund des alliierten Status von Berlin bildeten die 81 Sektorenübergänge aber weiterhin eine Art Schlupfloch nach West-Berlin.

M 3 SED-Broschüre über den Volksaufstand in der DDR
Das Aufbegehren im Juni 1953 wurde darin als Machwerk „westlicher Provokateure" bezeichnet. Zudem wurden Vorkehrungsmaßnahmen gegen eine Wiederholung der Ereignisse gefordert.

Die Ostintegration der DDR

Während im Inneren der DDR die sozialistische Umgestaltung – wenn auch stockender als geplant – voranschritt, vollzog sich in den 1950er-Jahren auf internationaler Ebene die Integration der DDR in den Ostblock. Ab 1950 gehörte die DDR zum Rat für gegenseitige Wirtschaftshilfe (RGW), welcher die Planwirtschaften der verschiedenen Volksdemokratien des sowjetischen Machtbereiches miteinander koordinierte. Zudem proklamierte die UdSSR ab Mitte der 1950er-Jahre offiziell die Souveränität der DDR.

Unmittelbar auf den NATO-Beitritt der Bundesrepublik folgend, gehörte die DDR am 14. Mai 1955 zu den Gründungsmitgliedern des Warschauer Paktes, des militärischen Beistandsbündnisses der Ostblockstaaten.

Gedenktage und Feiertage – nationales Erinnern in Deutschland: Der 9. November

Über Generationen hinweg waren immer wieder bedeutsame historische Ereignisse mit dem 9. November verbunden, sodass er rückblickend als eine Art „Schicksalstag der Deutschen“ erscheint. Der 9. November gemahnt einerseits an Unrecht, Unmenschlichkeit und Verbrechen, andererseits steht er aber auch für Demokratie und Emanzipation. Nachfolgend werden einige Ereignisse der jüngeren deutschen Geschichte dargestellt, die zu diesem Datum gehören. Wie soll heutzutage mit diesem Gedenktag umgegangen werden, um der historischen Verantwortung gerecht zu werden?

M 1 Erschießung des Revolutionärs Robert Blum am 9. November 1848 bei Wien
Kolorierte Lithografie von A. Fay, um 1848/49

M 2 Novemberrevolution
Foto, Berlin, 9. November 1918

M 3 Hitlerputsch
„Stoßtrupp“ der NSDAP in München am 8./9. November 1923, Foto

M 4 Reichspogromnacht
Brennende Synagoge in Eberswalde (Brandenburg) während der Novemberpogrome 1938, Foto, 9./10.11.1938.

M 5 Fall der Mauer
Berliner erklettern noch in der Nacht des 9. November die Mauer vor dem Brandenburger Tor, Foto.

9. November 1938: Novemberpogrome

3. Oktober 1990: „Tag der Deutschen Einheit“

20. Juli 1944: Attentat auf Hitler

9. November 1989: Öffnung der innerdeutschen Grenze

8./9. Mai 1945: bedingungslose Kapitulation Deutschlands

1939 – 1945: Zweiter Weltkrieg

M 6 „Das Märchen vom Schicksalstag"

Die Historikerin Heidi Tworek und der Historiker Thomas Weber führen Folgendes zum 9. November aus (2014):

Der 9. November ist der „Schicksalstag" der Deutschen, so die Stilisierung der Sinnstifter der Berliner Republik [das wiedervereinte Deutschland nach 1990]. Er sei ein kritischer Nachdenktag über die Vergangenheit, der die Genese des modernen, demokratischen Deutschlands erkläre und Demokratie lehre. Alles sehr ehrenwert, in Wahrheit jedoch vermittelt der „Schicksalstag" ein politisch genehmes, wissenschaftlich zweifelhaftes Geschichtsbild, das im Jahr 2014 zu immer mehr geschichtspolitischen und gesellschaftlichen Spannungen führt.

Die 9. November der Jahre 1848, 1918, 1923, 1938 und 1989 werden von den Volkspädagogen Deutschlands [hier: abwertend für populärwissenschaftliche Erklärungen] in eine Reihe gestellt, als ob die jeweiligen Ereignisse rein zufällig am 9. November vom Himmel geregnet seien, oder als ob deren Aneinanderreihung unweigerlich und gottgegeben sei: Schicksal eben.

Tatsächlich handelt es sich um eine mythenbeladene Inszenierung von Kontinuitäten der deutschen Geschichte durch einflussreiche westdeutsche Geschichtsdeuter aus der Dekade [Jahrzehnt] nach dem Fall der Mauer. Hierbei wurde eine Geschichte erzählt, die identitätsstiftend und programmatisch für das neue, vereinte Deutschland sein sollte. In der Form eines Märchens mit Happy End wird die Geschichte erzählt, wie Deutschland nach dem Sündenfall endlich am Ziel, im Westen, angekommen sei. [...]

Der Fokus auf die 9. November der Jahre 1848, 1918, 1923, 1938 und 1989 bringt ein historisch arg fragwürdiges Narrativ [Geschichtserzählung] über das Entstehen des modernen Deutschlands hervor.

Noch bedenklicher ist, dass unter den Teppich gekehrt wird, dass der 9. November als Schicksalstag der Deutschen eine Inszenierung der NS-Propaganda ist. Schon in den Zwanzigerjahren sprach Hitlers Chefideologe Alfred Rosenberg vom 9. November als „Schicksalstag". In seiner Endform bestand er aus einer Aneinanderreihung der 9. November der Jahre 1918, 1923 und 1938. Der 9. November als Schicksalsdatum der Deutschen ist also weder gott-, noch zufall-, sondern nazigegeben.

Nun fiel die Ausrufung der Revolution 1918 rein zufällig auf den 9. November. Hitlers Putsch am 9. November 1923 und Goebbels Reichspogromnacht am 9. November 1938 benutzten hingegen ganz bewusst die Symbolkraft des Tages der Novemberrevolution, um für ein Deutschland zu mobilisieren, das den 9. November 1918 ungeschehen machen würde.

Sowohl der 9. November 1923 als auch der 9. November 1938 markieren im Grunde nationalsozialistisches Scheitern. Hier des ersten Machtergreifungsversuchs, dort der bisherigen Judenpolitik. NS-Propagandisten interpretierten beide Daten aber geschickt um in Symbole der nationalsozialistischen Hoffnung; sie sollten lehren, Hitlers neues Deutschland leidenschaftlicher und entschiedener zu unterstützen. [...]

Keine Frage: Die Ziele der 9. November-Sinnstifter der Neunzigerjahre sind ehrenwert, die der Sinnstifter der Nationalsozialisten finster. Dennoch handelt es sich in beiden Fällen um Instrumentalisierungen des 9. Novembers als Schicksalstag der Deutschen. Und beide Narrative sind voller Mythen.

Heidi Tworek, Thomas Weber: „Der 9. November. Das Märchen vom Schicksalstag"; in: FAZ NET (08.11.2014); https://www.faz.net/aktuell/feuilleton/warum-die-wahl-des-9-november-zum-gedenktag-falsch-ist-13253194.html [letzter Zugriff: 08.07.2022].

Aufgaben

Gedenk- und Feiertage – Nationales Erinnern in Deutschland: Der 9. November

a) Recherchieren Sie zu den Ereignissen des 9. Novembers und ordnen Sie diese in den historischen Kontext ein. Präsentieren Sie Ihre Ergebnisse.

b) Arbeiten Sie die Argumentation der Historikerin Tworek und des Historikers Weber (M6) heraus und erläutern Sie, warum der 9. November nicht als „Schicksalstag" der Deutschen angesehen werden sollte.

c) Untersuchen Sie, wie im letzten Jahr der Ereignisse des 9. Novembers in Deutschland gedacht wurde. Berücksichtigen Sie unterschiedliche Ebenen des Gedenkens (individuell in der Familie, regionale Ebene oder Bundesebene) und beziehen Sie Ihre Kenntnisse aus dem ersten Teilkapitel über die Begriffe „individuelles" und „kollektives Gedächtnis" mit ein.

d) Entwickeln Sie ein Konzept zum Umgang mit dem 9. November als deutschem Gedenktag für Ihre Schule. Berücksichtigen Sie dabei insbesondere Aspekte der historischen Verantwortung.

e) Prüfen Sie die Bedeutung der auf Seite 54 genannten GDB für das nationale Erinnern in Deutschland.

M1–M6, Internet, GBD auf Seite 54

M 7 „Nationales Erinnern in Deutschland“ – Infotext

a) Feiertage in Deutschland:

Feiertage drücken wie Flaggen, Wappen oder Hymnen das Selbstverständnis von Staaten aus. Sie sollen die emotionale Bindung der Bürgerinnen und Bürger an das Gemeinwesen fördern. In Deutschland war dies stets problematisch. Es dauerte lange, bis es zu einem Nationalstaat kam, und es gab immer auch Streit über die angemessenen Staatssymbole.
Nach dem Zweiten Weltkrieg stellte die Gründung der beiden deutschen Staaten 1949 die jeweiligen Regierungen vor die Herausforderung, sich einerseits zur nationalsozialistischen Vergangenheit und andererseits zur fortschreitenden Teilung Deutschlands positionieren zu müssen. Während des Kalten Krieges war das Gedenken in beiden deutschen Staaten immer auch vom Ost-West-Konflikt geprägt. Dies hat sich mit dem Mauerfall und der Wiedervereinigung geändert.

b) Getrennte Feiertage:

In der DDR wurden 1950 die Feiertage „Tag der Befreiung“ (8. Mai) und „Tag der Republik“ (7. Oktober) eingeführt, die an das Ende des Zweiten Weltkrieges und an die Staatsgründung erinnern sollten. Die offiziellen Feiern des 7. Oktober in der DDR beinhalteten Militärparaden und in den Anfangsjahren auch Demonstrationen wie zum 1. Mai. Überdies fanden landesweit staatlich organisierte Volksfeste statt.
In der Bundesrepublik gab es die ersten fünf Jahre keinen Nationalfeiertag. Dies änderte sich nach dem Volksaufstand in der DDR 1953: Die Ereignisse wurden in der Bundesrepublik als Wille zur Wiedervereinigung verstanden und der 17. Juni wurde zum „Tag der Deutschen Einheit“ bestimmt.

c) Der 3. Oktober als „Tag der Deutschen Einheit“:

Mit der Wiedervereinigung Deutschlands 1990 endete auch das unterschiedliche Gedenken: Der „Tag der Republik“ und der 17. Juni als „Tag der Deutschen Einheit“ hatten erinnerungspolitisch ausgedient und wurden durch einen gesamtdeutschen Feiertag abgelöst. Im Einigungsvertrag setzte man in Artikel 2.2 fest: „Der 3. Oktober ist als Tag der Deutschen Einheit gesetzlicher Feiertag.“ Zunächst war als nationaler Feiertag auch der 9. November als Tag des Mauerfalls in der Diskussion. Da dieses Datum jedoch zugleich durch die Reichspogromnacht von 1938 belastet ist, entschied man sich dagegen.
So wurde der Tag, an dem die deutsche Einheit Wirklichkeit wurde, zum einzigen gesetzlichen gesamtdeutschen Feiertag, der durch ein Bundesrecht geregelt ist – alle anderen Feiertage in Deutschland sind Ländersache. Der offizielle Festakt findet immer in der Landeshauptstadt desjenigen Bundeslandes statt, das im laufenden Jahr den Vorsitz im Bundesrat einnimmt. Durch die Feiern will man die staatliche Einheit festigen und das Zusammengehörigkeitsgefühl der Deutschen fördern. Wie viel auf diesem Weg bisher erreicht ist und auf welche Weise sich die deutsche Gesellschaft zukünftig entwickeln sollte, wird jedes Jahr aufs Neue diskutiert.

d) Weitere Gedenk- und Feiertage:

Neben dem „Tag der Deutschen Einheit“ gibt es weitere bundeseinheitliche Gedenk- und Feiertage, die arbeitsfrei sind. Zumeist handelt es sich um christliche Feste wie Ostern und Weihnachten, aber auch der 1. Mai als „Tag der Arbeit“ zählt dazu. Hinzu kommen nicht-arbeitsfreie Gedenktage, die an bestimmte historische Ereignisse erinnern. Oft bringen es diese Tage mit sich, dass sowohl die Deutung als auch die aktuelle gesellschaftliche Bedeutung des jeweiligen Gedenkanlasses immer wieder neu diskutiert werden.

Info

Gedenktage in Deutschland

27. Januar: Tag des Gedenkens an die Opfer des Nationalsozialismus

11. März: Nationaler Gedenktag für die Opfer terroristischer Gewalt

17. Juni: Gedenken an die Opfer des Volksaufstands in der DDR

20. Juni: Gedenktag für die Opfer von Flucht und Vertreibung

20. Juli: Gedenken an den Widerstand gegen die nationalsozialistische Gewaltherrschaft in Berlin im Jahr 1944

2. Sonntag vor dem 1. Advent: Volkstrauertag (Gedenken an Opfer von Krieg, Gewaltherrschaft und Terrorismus)

M 8 Kritik am „Tag der Deutschen Einheit“

Die Schriftstellerin Julia Schoch erläutert in einer Rede am 3. Oktober 2021, warum der Tag der deutschen Einheit keinen verbindenden Einheitsmythos darstellt:

Vor ein paar Jahren schon hat der Historiker Martin Sabrow geschrieben: Die Einheit hat an Pathos, aber auch an Empörungskraft verloren. Der 3. Oktober ist eher ein Staatsfeiertag anstatt ein Nationalfeiertag, in dem sich die Menschen mit ihrer Lebensgeschichte gespiegelt sähen.

Auch wenn dieser Tage die gemeinsame Erinnerung natürlich oft beschworen wird. In Wahrheit aber hat das Erinnern weder etwas Verbindliches noch etwas Verbindendes. Im Gegenteil, es beweist das Ausmaß unserer Einsamkeit. Das weiß jeder, der mit seiner Gattin oder den Kindern über die Urlaubsreise vor zehn Jahren sprechen will. Von jedem Ereignis gibt es mindestens eine weitere Version, die die eigene vielleicht nicht hinfällig macht, aber doch frustrierend relativ wirken lässt.

Es ist klar: Allein schon die Unterschiedlichkeit des jeweiligen biografischen Moments, in dem das Ereignis der 89er-Revolution und der Einheit von den Menschen erlebt wurde, macht es unmöglich, ein ganzes Volk auf ein gemeinsames Gefühl einstimmen zu wollen. Für den einen war es der lang ersehnte Traum, für den anderen ein gescheitertes Utopieprojekt, für den dritten eine beängstigende Vorstellung, und die allermeisten hatten sich gar nichts gedacht.

Allein aus diesem Grund kann es keinen verbindlichen Einheitsmythos geben. Aber hier geht es, glaube ich, noch um eine andere Entwicklung. Vergrößert man das eingangs erwähnte Familienbild auf die Gesellschaft, ließe sich sagen: Kohärente oder wenigstens minimal kohärente Gesellschaften sind solche, die bei allen Meinungsverschiedenheiten zu Omas Neunzigstem doch zuletzt gemeinsam an einem Tisch sitzen und einen Grund zum Feiern sehen.

Viele Indizien sprechen dafür, dass immer weniger Menschen Lust dazu haben. Sie sehen keinen Grund, es zu tun. Nicht etwa aus historischer Scham, wie ich sie in meiner Feierunwilligkeit vor dreißig Jahren verspürt habe. Nein, sie finden sich nicht mehr im Album, sie vermissen ihr Foto, sie kommen ihrer Meinung nach nicht vor in der Erzählung. Wenn jeder nur noch sich und seinen Bedürfnissen gegenübersteht, wenn jeder auf seine persönliche Freiheit pocht, verschwindet das Gegenüber, der Andere. Zu unterschiedlich und in sich zerklüftet die „Gesellschaft“, die schon lange nur noch in Anführungszeichen gedacht werden kann, zu vereinzelt die Hoffnungen, die Absichten und Enttäuschungen. [...]

Und so erinnert mich dieser Tag daran, dass es neben der ewigen Finanzfrage – dem jahrzehntelangen Geschwätz von den Kosten der Einheit – eine viel wichtigere gibt, die sich in keine Statistik zwängen lässt: Was halten wir für unverzichtbar in unser aller Leben außer dem Geld? Was überhaupt ist der Kitt in einem Land, was hält es zusammen?

Julia Schoch: „Warum der 3. Oktober keinen verbindenden Einheitsmythos mehr darstellt“; in: Berliner Zeitung (03.10.2021); https://www.berliner-zeitung.de/wochenende/warum-der-3-oktober-keinen-verbindenden-einheitsmythos-mehr-darstellt-li.185783?pid=true [letzter Zugriff: 08.07.2022].

M 9 Einheitsfeier in Berlin

Vor dem Reichstagsgebäude am 3. Oktober 1990, Foto

Aufgaben

Feiertage – Nationales Erinnern in Deutschland: Der 3. Oktober als „Tag der Deutschen Einheit“

a) Stellen Sie dar, wie der 3. Oktober als „Tag der Deutschen Einheit“ zum nationalen Feiertag wurde.

b) Setzen Sie sich mit der Aussage von Julia Schoch (M8) auseinander, der „Tag der Deutschen Einheit“ stelle keinen verbindenden Einheitsmythos dar. Greifen Sie dabei auch auf Ihre im Teilkapitel „Der 17. Juni 1953: Zeitzeugen erinnern sich“ erlangten Kenntnisse zurück.

c) Erörtern Sie folgende Aussage von Roland Jahn (M10): „Der 17. Juni ist der wirkliche Feiertag und als Gedenktag wichtiger als der 3. Oktober.“

d) Analysieren Sie die Karikatur „Tag der Deutschen – Einheit“ (M11) und nehmen Sie zu ihrer Grundaussage Stellung.

↝ M7 – M11

Feiertage – Der 3. Oktober als „Tag der Deutschen Einheit"

M 10 Kritik am Tag der deutschen Einheit

Roland Jahn, der letzte Bundesbeauftragte für die Unterlagen des Staatssicherheitsdienstes der DDR, äußert sich in einem Interview zu deutschen Gedenktagen am 17. Juni 2020:

Herr Jahn, heute jährt sich der Volksaufstand in der DDR vom 17. Juni 1953. Das historische Ereignis droht in Vergessenheit zu geraten. In der Bundesrepublik war dies der Nationalfeiertag und bis 1990 der Tag der deutschen Einheit. Welche Bedeutung hat dieser Gedenktag heute noch?

Jahn: Für mich ist der 17. Juni 1953 immer noch einer der wichtigsten Gedenktage in Deutschland. Gerade im dreißigsten Jahr der Deutschen Einheit ist er von besonderer Bedeutung. Die Ereignisse dieses Tages, die Niederschlagung des Volksaufstandes, machen deutlich, dass Freiheit und Demokratie keine Selbstverständlichkeiten sind. Wir sollten auch heute immer noch neu daran erinnern. Menschen haben das errungen, dass wir heute in einem freien und geeinten Deutschland leben. 1953 wurde der Ruf nach Freiheit und Selbstbestimmung laut. Diese Bewegung führte dann zum Volksaufstand. Damals am 17. Juni 1953 hat begonnen, was 1989 mit der Friedlichen Revolution vollendet worden ist. Die Friedliche Revolution steht in der Tradition des 17. Juni. Das macht Hoffnung, dass Unrecht und Unfreiheit überwunden werden können, wenn es auch manchmal sehr lange dauert. In Deutschland könnten wir uns auch stärker auf die positiven Momente der deutschen Demokratiegeschichte besinnen.

Daran wird aber kaum noch erinnert ...

Jahn: Ich würde mir wünschen, dass wir aus diesem Tag heute und in Zukunft mehr machen. Der 17. Juni sollte ein Tag der lebendigen Demokratie werden. Er sollte genutzt werden, um offene Debatten über unsere Demokratie zu führen. Man könnte ihn auch wieder zu einem Feiertag machen. Der 3. Oktober ist ein Tag, an dem ein Vertrag in Kraft getreten ist. Der 17. Juni ist der wirkliche Feiertag und als Gedenktag wichtiger als der 3. Oktober. Er darf nicht in Vergessenheit geraten. Der 17. Juni ist der Tag, an dem Menschen aufgestanden sind und für ihre Freiheitsrechte gekämpft haben. Das sollten wir gerade in Deutschland würdigen. Am Ende sind die Forderungen der Menschen, die beim Volksaufstand 1953 auf die Straße gegangen sind, verwirklicht worden.

Roland Jahn, Andreas Herholz: „Der 17. Juni ist als Gedenktag wichtiger als der 3. Oktober." Interview mit der Rhein-Neckar-Zeitung – Heidelberger Nachrichten (17.06.2020); https://www.stasi-unterlagen-archiv.de/ueber-uns/der-bundesbeauftragte/interviews/der-17-juni-ist-als-gedenktag-wichtiger-als-der-3-oktober/ [letzter Zugriff: 08.07.2022].

M 11 „Tag der Deutschen – Einheit"

Karikatur von Schwarwel, 2015

Zum Umgang mit Gedenk- und Feiertagen

M 12 Sind Gedenktage überflüssig?

Die Bedeutung von Gedenktagen in der Gegenwart wird von dem Historiker Frank Bösch kritisch beleuchtet (2020):

Problematisch ist zunächst, dass die derzeit groß zelebrierten runden Jubiläen ein verengtes Geschichtsverständnis fördern. Während sich die Geschichtsvermittlung an den Schulen und Universitäten mühsam vom Erlernen staatspolitischer Daten emanzipiert hat, verfestigt der Jahrestagsfetischismus diese erneut. Vor allem Kriege, Staatsgründungen oder Geburts- und Todestage großer Männer werden durch Jubiläen aufgewertet. Ähnlich wie im Schulunterricht der 1950er-Jahre gleicht die Geschichte so einem mit heroischen und tragischen Ereignissen gespickten Zeitstrahl. Medial ist das gut vermittelbar, da hierzu personalisierte Bilder und dramatische Erzählungen überliefert sind. Geschichte lässt sich so ergreifend schildern, entlang Erfindungen genialer Männer, plötzlicher Kriegsausbrüche und opferreicher Friedensschlüsse. Problematisch ist, was ausgeblendet wird. Während sich die historische Forschung, der Schulunterricht und auch das familiäre Gedächtnis längst an Themen und Fragen der Sozial- und Kulturgeschichte orientiert, präsentieren Jahrestage oft ein antiquiertes Geschichtsbild. Der Alltag in Diktatur und Demokratie verschwindet ebenso wie Erklärungen für langfristige Veränderungen. [...]

Durch die kanonischen [hier: regelmäßig gefeierten] Jahrestage kommen viele Fragen, die wir heute diskutieren, kaum in das öffentliche Geschichtsbewusstsein. Klima- und Umweltschutz, Migration oder Rassismus sind etwa bisher kaum mit Jahrestagen verbunden, obgleich die Bedeutung dieser Herausforderungen sicherlich nicht gering ist. Wir feiern christliche Gedenktage, aber für eine Auseinandersetzung mit dem Islam, der seit Jahrzehnten in Deutschland beheimatet ist, gibt es bislang keine runden Kalendertage, anhand derer die Geschichte des Islam verhandelt werden könnte. Auch die Genese wachsender sozialer Unterschiede oder die neuen Dynamiken der Globalisierung haben kein festes Startdatum und sind damit seltener Thema öffentlich geförderter historischer Bücher, Ausstellungen oder Festveranstaltungen.

Eine Möglichkeit zur Abhilfe wäre, den Kanon um Ereignisse zu erweitern, die in Vergessenheit geraten sind, aber aus heutiger Sicht wieder mehr Aufmerksamkeit verdienen. 2019 hatten etwa die erste Weltklimakonferenz und der erste große Störfall in einem Atomkraftwerk, dem Reaktor nahe Harrisburg, ihren 40. Jahrestag, was Anlass für entsprechende zeithistorische Reflexionen zur Umweltgeschichte gegeben hätte. [...]

Jahrestage bedienen vor allem die nationale Selbstverständigung. Staat und Politik nutzen sie, um Integration und Gemeinschaft zu fördern, Opfern zu gedenken oder mit Verweis auf die Geschichte die Werte der Gegenwart zu akzentuieren. Damit verengen sie die Geschichte oft auf heroische oder tragische Perspektiven. Die alte Bundesrepublik hat dabei lange auf heroische nationale Jubiläumsfeiern verzichtet [...] [und] setzte angesichts der vielen Brüche in der deutschen Geschichte dagegen auf „Trauer- und Mahnjubiläen", um sich mit ihrer Geschichte auseinanderzusetzen. Die Bewältigung des Todes und des Leides trat in den Vordergrund, ebenso wie die Auseinandersetzung mit Schuld, Vergebung und Versöhnung. Heroische positive Gedenktage waren mit den großen Dichtern, Denkern und Lenkern der Geschichte sowie mit Stadtjubiläen verbunden, die nationale und regionale Identität prägen sollten.

Frank Bösch: „Im Bann der Jahrestage. Essay"; in: Bundeszentrale für politische Bildung (Hg.), APuZ – Aus Politik und Zeitgeschichte. Beilage zur Wochenzeitung „Das Parlament" Nr. 33–34/2020, S. 30 ff. [annotiert].

Aufgaben

Zum Umgang mit Gedenk- und Feiertagen

a) Arbeiten Sie die Kritik von Frank Bösch (M12) an der Feier „kanonischer Jahrestage" (Z. 23 f.) heraus und nehmen Sie dazu Stellung.

b) Die Vereinten Nationen nennen auf der Internetseite „https://unric.org/de/internationale-tage/" zahlreiche internationale Gedenktage. Wählen Sie drei Tage aus und begründen Sie, ob man diesen Tagen eine vermehrte mediale Aufmerksamkeit schenken sollte.

c) Diskutieren Sie ihre Auswahl im Klassenverband.

d) Setzen Sie sich mit der Aussage des Literaturwissenschaftlers Heinz Schlaffer auseinander, dass das Feiern von Jahrestagen und Jubiläen „ein Gedenken ohne Gedächtnis" fördere.

e) Verfassen Sie eine Rede zu einem Feier- bzw. Gedenktag für die Schulöffentlichkeit.

→ M12, Internet

Geschichte erinnern

Geschichte vergeht, aber sie wird auch immer wieder erinnert. Dies geschieht auf vielfältige Art und Weise. In diesem Kapitel wurden verschiedene Beispiele vorgestellt:

- die Rezeption des Mittelalters,
- der Umgang mit der deutschen Kolonialgeschichte,
- die Erinnerung an den Holocaust,
- die Leugnung bzw. Relativierung des Holocaust,
- die Erinnerung von Zeitzeuginnen und Zeitzeugen an die DDR-Geschichte sowie
- die Feier- und Gedenktage in Deutschland.

Um diese ganz unterschiedlichen Beispiele aufeinander beziehen und vergleichen zu können, benötigt man passende Kriterien, wie z. B.:

- historischer Bezugspunkt der Erinnerung,
- Motiv der Beschäftigung mit Geschichte,
- Träger und Akteure der Erinnerung,
- Medien der Erinnerung,
- individuelle und gesellschaftliche Bedeutung der Erinnerung,
- Wirkung der Erinnerung.

Auf dieser Grundlage können dann grundlegende Fragen, wie die nach bestimmten Mustern der Erinnerung oder die nach historischer Verantwortung, diskutiert werden.

Aufgaben

1. Erinnern an Geschichte – Beispiele

a) Zeigen Sie anhand eines Beispiels aus diesem Teilkapitel das Verhältnis von Geschichtswissenschaft und populärer Geschichtsvermittlung auf. Legen Sie dabei dar, dass Geschichte keine objektive Gegebenheit ist, sondern ein Konstrukt.

b) Erörtern Sie beispielhaft die Chancen, Probleme und Gefahren verschiedener Formen der Auseinandersetzung mit Geschichte.

c) Erörtern Sie die Besonderheit filmischer bzw. digitaler Formen der Erinnerung.

d) Stellen Sie an einem Beispiel die Gefahren manipulativer Geschichtsvermittlung dar.

→ Text auf dieser Seite, Beispiele aus dem Kapitel

Training

Anleitung zur Erstellung und Präsentation eines Lernplakates

Lernplakate dienen der Visualisierung von Ergebnissen, die in Einzelarbeit oder in kooperativen Arbeitsformen erbracht wurden. Im Geschichtsunterricht sind Lernplakate eine Form der Darstellung historischer Sachverhalte und Zusammenhänge. Sie stellen eine gewichtende Auswahl von Informationen dar, erklären Sachverhalte, stellen sie in einen historischen Zusammenhang und beurteilen diese auch.

Lernplakate sollen für die Betrachter die wesentlichen Informationen, zentrale Aussagen, grundlegende Zusammenhänge oder auch eigene Einschätzungen und Beurteilungen verständlich machen.

Demnach müssen Lernplakate nicht nur sachlich richtig und inhaltlich gehaltvoll sein, sondern sie müssen auch ansprechend und einprägsam gestaltet sein. Dies wird u.a. durch eine inhaltliche Konzentration, klare und verständliche Texte, passende Bebilderung, eine lesbare Schrift und andere Gestaltungsmittel wie Verwendung von Symbolen und Farben erreicht.

Für die Erstellung eines Lernplakates sind folgende Arbeitsschritte sinnvoll:

1. Schritt
Material auswerten: Bild- und Textelemente für sich und im Zusammenhang erläutern.

2. Schritt
Vertiefende Informationen sammeln, z.B. Recherche in Bibliotheken oder im Internet, auswerten und auswählen.

3. Schritt
Lernplakat erstellen.

4. Schritt
Präsentation des Lernplakats, z.B. in Form eines Vortrags im Plenum oder (bei mehreren Lernplakaten) einem Rundgang („gallery walk"), bei dem je ein „Experte" sein Lernplakat erläutert und Nachfragen beantwortet.

Kriterien für ein gutes Lernplakat

Inhalt:
- klare Gliederung
- Verwendung von Informationstexten und Bildern
- Klarheit der Begriffe

Gestaltung:
- Nutzung des zur Verfügung stehenden Platzes
- gute Lesbarkeit (aus bis zu 5 m Entfernung) durch deutliche Schrift (angemessene Größe und Farbigkeit)
- Gestaltungselemente (Farben, Unterstreichungen, Pfeile, Sternchen u.a.)
- keine Rechtschreibfehler.

Aufgaben

2. Erinnern an Geschichte im Zusammenhang

a) Erstellen Sie eine Übersicht über die behandelten Formen der Erinnerung an Geschichte. Berücksichtigen Sie dabei u.a. folgende Kriterien: historischer Bezugspunkt der Erinnerung, Motiv der Beschäftigung mit Geschichte, Träger und Akteure der Erinnerung, Medien der Erinnerung, individuelle und gesellschaftliche Bedeutung der Erinnerung, Wirkung der Erinnerung.

b) Untersuchen Sie mithilfe Ihrer Übersicht, ob sich bestimmte Muster der Erinnerung an Geschichte feststellen lassen.

c) Erstellen Sie ein Lernplakat zum Thema: „Welchen Sinn hat die Erinnerung an Geschichte heute?" Gehen Sie dabei besonders auf die Möglichkeit ein, sich in Geschichte und Gegenwart zu orientieren, und verwenden Sie den Trainingskasten auf dieser Seite.

M 1 Ankunft der ersten Hugenotten in Erlangen am Ende des 17. Jahrhunderts
Glasgemälde, 1892

M 2 Auswanderer bei der Einfahrt in den New Yorker Hafen
Gemälde, 1887

M 3 Deportation von deutschen Jüdinnen und Juden in Würzburg
Foto, 25. April 1942

M 4 Heimatvertriebene nach 1945
Flüchtlinge in einer Behelfsunterkunft, Foto, um 1945/46

Aufgaben

Migration

a) Erläutern Sie die einzelnen Abbildungen.

b) Bestimmen Sie die jeweilige Form der Migration.
M1–M4

02 MIGRATION IN BAYERN VON DER FRÜHEN NEUZEIT BIS ZUM 20. JAHRHUNDERT

Die nebenstehenden Abbildungen zeigen Migranten. Der Begriff bedeutet wörtlich „Menschen, die wandern“. Migration gab es schon immer, jedoch können sich hinter dem Begriff ganz unterschiedliche Umstände verbergen: Welche Menschengruppen machen sich aus welchen Gründen auf den Weg? Brechen sie freiwillig auf oder werden sie dazu gezwungen? Welches Ziel haben sie? Was erleben sie unterwegs, wie kommen sie an?

Migration kann große Probleme mit sich bringen, sie bietet aber auch Chancen: Worin lagen und liegen die Herausforderungen und die Potenziale der Migration in Geschichte und Gegenwart? Wie hat die Migration insbesondere Bayern geprägt? Im Folgenden wird dies anhand ausgewählter Beispiele dargestellt.

Das folgende Unterkapitel ist in acht Abschnitte gegliedert:

Das 1. Teilkapitel ...
... klärt Grundfragen zur Migration in der Geschichte.

Das 2. Teilkapitel ...
... stellt die Migration der Hugenotten nach Bayern sowie die Flucht der Salzburger Protestanten in der Frühen Neuzeit dar.

Das 3. Teilkapitel ...
... analysiert verschiedene Formen der Migration in Bayern im 19. Jahrhundert.

Das 4. Teilkapitel ...
... setzt sich mit der Zwangsmigration von Jüdinnen und Juden zurzeit des Nationalsozialismus auseinander.

Das 5. Teilkapitel ...
... beleuchtet die Zwangsarbeit im Nationalsozialismus.

Das 6. Teilkapitel ...
... widmet sich Flucht und Vertreibung am Ende des Zweiten Weltkriegs und den Folgen für Bayern.

Das 7. Teilkapitel ...
... thematisiert am Beispiel der „Gastarbeiter“ eine Form der Arbeitsmigration.

Das 8. Teilkapitel ...
... untersucht exemplarisch Migrationsbewegungen nach 1990.

Migration in der Geschichte – Ursachen und Formen

Migration ist ein grundlegendes Phänomen der Menschheitsgeschichte. Zu verschiedenen Zeiten gab es jedoch verschiedene Formen. Wissenschaftlerinnen und Wissenschaftler versuchen, diese Besonderheiten zu beschreiben und verwenden für die einzelnen Aspekte und Merkmale bestimmte Begriffe.

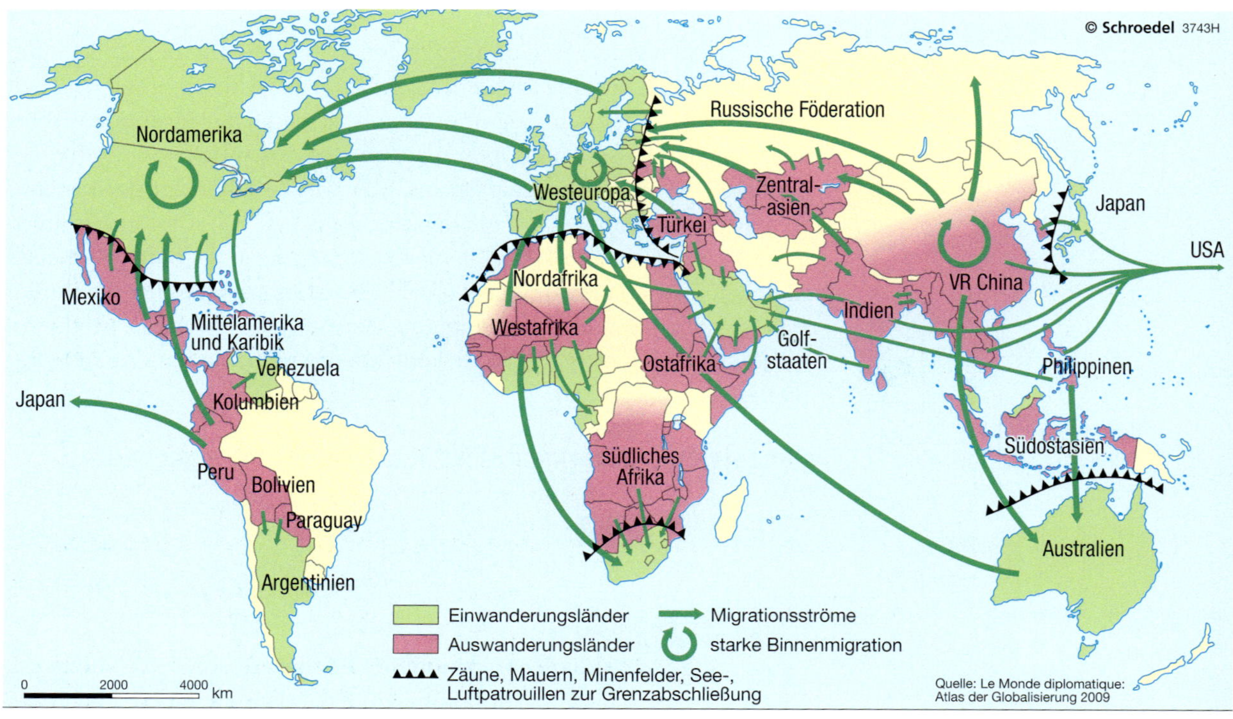

M 1 **Weltweite Migrationsbewegungen (Stand 2009)**

M 2 Begriffe zur Migration

In dem Online-Lexikon der Bundeszentrale für politische Bildung finden sich u. a. folgende Begriffe:

- Arbeitsmigration
- Asyl
- Aufnahmegesellschaft
- Auswanderung/Einwanderung
- Binnenmigration
- Flucht
- Flüchtling
- „Gastarbeiter"
- Gewaltmigration
- Integration
- Menschenhandel
- Migration
- Rückwanderung
- Staatsangehörigkeit
- Staatsbürgerschaft
- Vertreibung

https://www.bpb.de/kurz-knapp/lexika/glossar-migration-integration [letzter Zugriff: 11.07.2022].

Aufgaben

Migration

a) Recherchieren Sie auf der unter M2 aufgeführten Website die Bedeutung der aufgelisteten Begriffe.

b) Analysieren Sie die Karte M1. Verwenden Sie dafür passende Begriffe.

c) Erläutern Sie die im Infotext M3 zitierte Definition des Begriffs „Migration" (M3b, Z. 3–6). Begründen Sie, weshalb der Begriff Migration besser geeignet ist als seine Übersetzung „Wanderung".

d) Formulieren Sie einen kurzen Text, in dem Sie auf die Bedeutung von Migration heute eingehen.

M1–M2, Infotext M3

Migration

M 3 Migration – Infotext

a) Menschen in Bewegung:

Die ersten Menschen waren Nomaden. Ohne festen Wohnsitz zogen sie als Jäger und Sammler durch die Gegend. Mit der Neolithischen Revolution änderte sich dies: Die Menschen bauten Siedlungen und wurden zu sesshaften Ackerbauern und Viehzüchtern. Gleichwohl gab es aber auch weiterhin kleine und größere Bewegungen von Einzelnen, Gruppen oder auch ganzen Bevölkerungen. Zu allen Zeiten waren Menschen unterwegs. Migration ist eine Grundtatsache der Menschheitsgeschichte.

Sowohl historische als auch gegenwärtige Wanderungsbewegungen zeigen eine Fülle ganz unterschiedlicher Motive, Wege, Bewegungsarten, Ziele und Folgen.

b) Begriffsdefinition „Migration“:

Heute werden alle Formen von menschlichen Wanderungen unter dem Begriff „Migration“ zusammengefasst. Der Historiker Jochen Oltmer definiert Migration so: „Migration ist die auf einen längerfristigen Aufenthalt angelegte räumliche Verlagerung des Lebensmittelpunkts von Individuen, Familien, Gruppen oder auch ganzen Bevölkerungen.“

Mit dieser Definition sollen alle einschlägigen Prozesse in allen Epochen erfasst werden, der oft bevorzugt untersuchte Modellfall einer dauerhaften Auswanderung ebenso wie der länger dauernde Auslandsaufenthalt im Auftrag eines Arbeitgebers oder der Umzug in der näheren Umgebung. Bei der Untersuchung einzelner Migrationsbewegungen ist es daher entscheidend, immer die jeweiligen Besonderheiten zu bestimmen. Hierzu ist es erforderlich, sich über Kriterien zu verständigen, mithilfe derer man Wanderungen genauer beschreiben und voneinander abgrenzen kann.

c) Formen von Migration:

Migrationen können nach ihren Motiven bzw. ihren Ursachen unterschieden werden. Darüber hinaus kann man jedoch auch noch weitere Aspekte von Wanderungsbewegungen untersuchen, zum Beispiel den Zeitraum, die Ausgangspunkte, Wege und Ziele oder die Folgen. Zu bedenken ist dabei, dass es vielfältige Überlagerungen gibt: So kann aus dem Motiv, als Saisonarbeiter in einer anderen Gegend etwas hinzuzuverdienen, eine dauerhafte Übersiedlung werden. Eine Auswanderung in ein anderes Land kann auf halbem Weg „stecken bleiben“ oder scheitern und zur Rückwanderung führen. Andererseits kommt es auch vor, dass ein ursprünglich gefasster Entschluss zur Rückkehr in die Heimat aufgegeben wird, selbst wenn sich die Lage dort gebessert hat.

Alle Migrationen sind von einem Kommunikationsprozess begleitet. Bevor Menschen ihre Heimat verlassen und auch während sie unterwegs sind, sammeln sie kontinuierlich Informationen über Wege, Fortbewegungsmittel, mögliche Ziele, Arbeitsmöglichkeiten und Lebensperspektiven. Sogar bei Zwangswanderungen, bei denen der Einzelne keine echte Entscheidungsfreiheit über seinen Aufbruch hat, spielt die Informationsbeschaffung im Verlauf der Migration eine wichtige Rolle. In diesem Zusammenhang werden sogenannte Push- und Pull-Faktoren unterschieden: Push-Faktoren sind diejenigen Umstände, die die Menschen aus ihrer Heimat heraustreiben; Pull-Faktoren ziehen die Menschen zu einem bestimmten Ziel hin.

d) Migration als Gesamtprozess:

Die Wissenschaft interessiert sich inzwischen nicht nur für die verschiedenen Formen von Migration, sondern auch für den Vorgang insgesamt. Es geht dabei nicht mehr nur um die Wanderung im engeren Sinne vom Aufbruch bis zur Ankunft, sondern auch um die oft langfristige Entscheidungsfindung in der Heimat, die mitunter langen Zwischenaufenthalte ohne Fortbewegung und die Eingliederung in der neuen Umgebung. Hier berührt sich die Migrationsforschung mit der Untersuchung von Kulturbegegnungen, da sie sich für die Eingliederung der Neuankömmlinge in die aufnehmende Gesellschaft interessiert und die dadurch auf beiden Seiten ausgelösten Anpassungs- und Assimilationsprozesse analysiert.

M 4 Auswanderer am Überseekai in Bremerhaven

Holzstich um 1880 nach Johannes Gehrts

Migration in der Frühen Neuzeit: Hugenotten

Ein Blick in die Geschichte zeigt, dass Migration eine Konstante in der Menschheitsgeschichte ist. Damals wie heute stehen dabei politische, wirtschaftliche und religiöse Gründe als Auslöser von Wanderungsbewegungen im Mittelpunkt. Die Geschichtskarte M1 vermittelt erste Informationen über eine religiös bedingte Migrationsbewegung im 17. und 18. Jahrhundert.

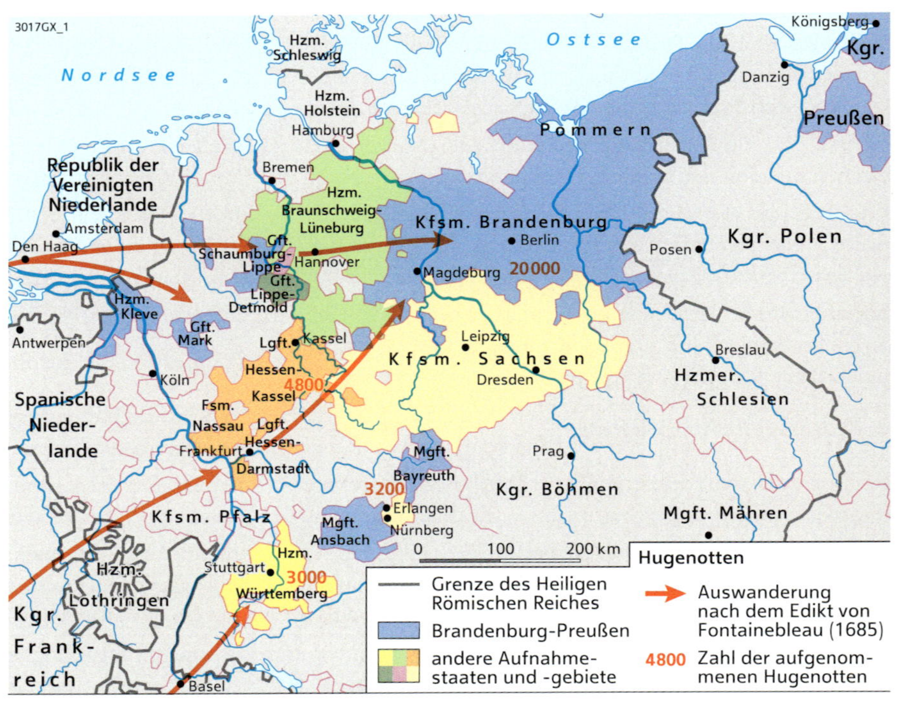

M 1 **Vertreibung und Ansiedlung der Hugenotten im 17. Jahrhundert**

Aufgaben

Migration in der Frühen Neuzeit: Hugenotten – Lernaufgabe

Im Rahmen der Wissenschaftswoche soll eine Ausstellung zum Thema „Migration in Bayern" entstehen. Erstellen Sie dafür ein Plakat zum Thema „Die Hugenotten – eine frühe Migrationsbewegung in Bayern". Berücksichtigen Sie dabei vor allem die Ursachen und Folgen sowie die Bedeutung für die Entwicklung Bayerns. Die folgenden Aufgaben dienen dazu, die Materialien zu erschließen.

a) Erstellen Sie aus den Informationen der Geschichtskarte und des Infotextes M3 eine grafische Skizze über die Migration der Hugenotten in der Frühen Neuzeit. Sie können sich dabei an der Grafik M2 orientieren. Verwenden Sie die auf Seite 67 aufgeführten GDB.

b) Untersuchen Sie die Bildquellen M4 bis M7 im Hinblick auf den jeweiligen Aussagewert zum Thema.

c) Beschreiben Sie die Erlebnisse der Hugenottenfamilie Jassoy (M10) während ihrer Flucht und untersuchen Sie, inwieweit diese typisch für die Migration von Hugenotten nach Bayern sind.

d) Fassen Sie die zentralen Ergebnisse der Untersuchung des Historikers Ulrich Niggemann (M11) zusammen und vergleichen Sie diese mit den Erlebnissen der Hugenottenfamilie (M10).

e) Diskutieren Sie am Beispiel der Hugenotten, unter welchen Bedingungen Integration gelingen kann und welche Bedeutung diese Migrationsbewegung für Bayern hatte.

f) Weiterführend: Erörtern Sie, inwiefern die Ansiedlung der französischen Glaubensflüchtlinge in den Jahren 1685/86 einen wichtigen Schritt zur Toleranz in Glaubensfragen darstellt. Ziehen Sie dazu ggf. auch Artikel 4 des Grundgesetzes heran.

→ M1 – M11, GDB auf Seite 67

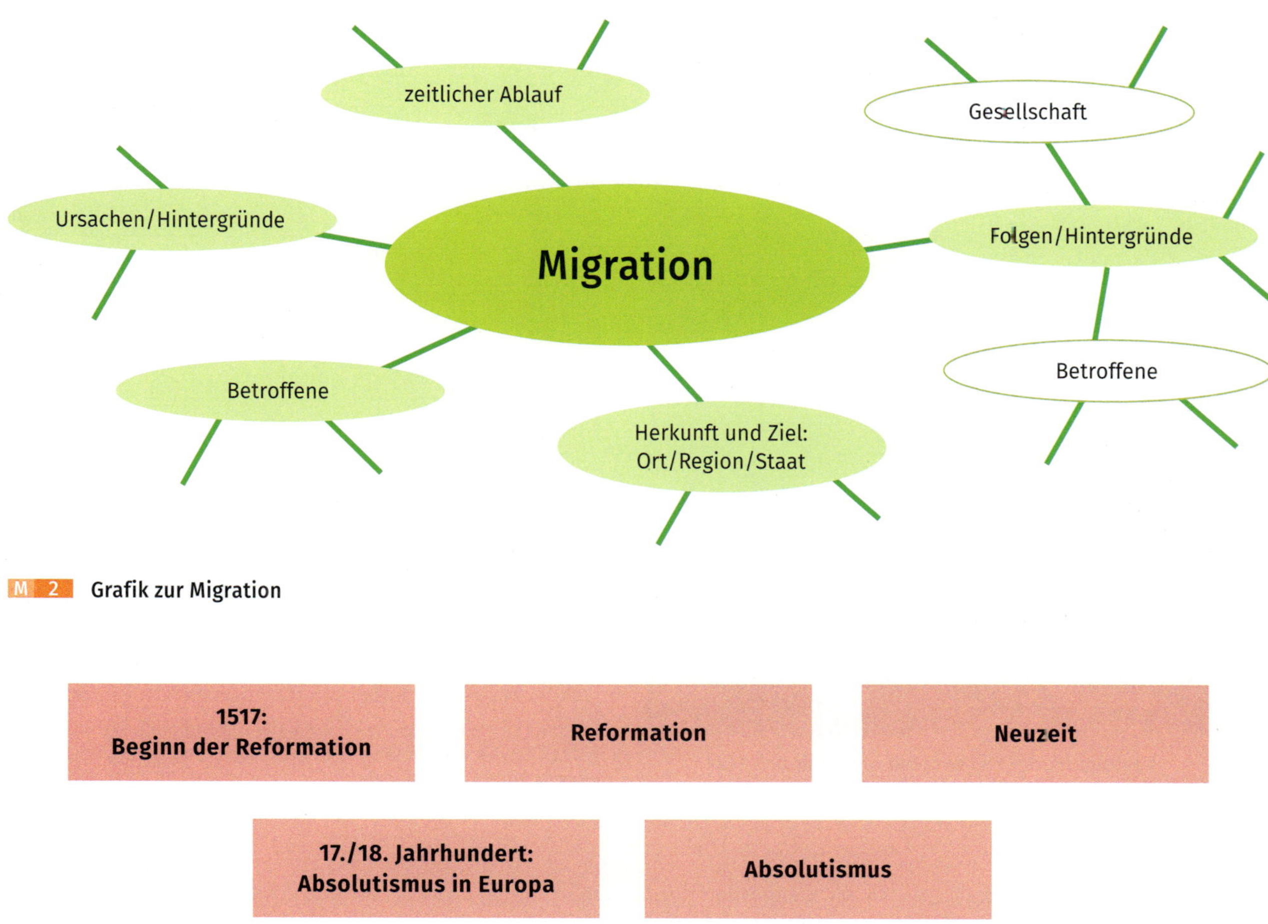

M 2 Grafik zur Migration

M 3 Migration im 17./18. Jahrhundert – Infotext

a) Calvinisten in Frankreich: Von der Duldung zur Vertreibung:

So wie das Heilige Römische Reich Deutscher Nation war auch das Königreich Frankreich seit dem 16. Jahrhundert konfessionell tief gespalten. Neben den altgläubigen Katholiken gab es eine bedeutende protestantische Minderheit, die sich zu den Lehren des Schweizer Reformators Jean Calvin bekannte. Unter diesen „Hugenotten" (die genaue Herkunft dieses Begriffes ist unklar) fanden sich sogar Teile des französischen Adels. Mit Heinrich von Navarra konnte ein solcher Adliger aufgrund seiner verwandtschaftlichen Verbindungen sogar die Krone Frankreichs erringen. Dazu musste er zwar selbst zum Katholizismus konvertieren; er gewährte der protestantischen Bevölkerung im Edikt von Nantes (1598) jedoch weitgehend Glaubensfreiheit und Zugang zu öffentlichen Ämtern.

Zu Beginn des 17. Jahrhunderts verschlechterte sich die Lage der französischen Protestanten zunehmend. 1628 verloren die Calvinisten nach einer monatelangen Belagerung mit der Festung La Rochelle ihre letzte sichere Zuflucht. König Ludwig XIV. sah im Religionsfrieden eine Gefahr für die von ihm angestrebte absolute Monarchie: Die Hugenotten lehnten unter Berufung auf Calvin nicht nur kirchliche Hierarchien strikt ab, sie bildeten mit ihren Sonderrechten sogar eine Art „Staat im Staat".

Gemäß seines Wahlspruches „Un roi, une loi, une foi" („Ein König, ein Gesetz, ein Glaube") duldete der Sonnenkönig keinerlei religiöse Abweichung. Mit Zwangseinquartierungen von Soldaten (Dragoner) in ihren Häusern („Dragonaden") und anderen Schikanen sollten die Hugenotten unter Druck gesetzt und „bekehrt" werden. Viele Hugenotten verließen ihre Wohnstätten, versteckten sich oder flohen.

Den Höhepunkt der Unterdrückung der französischen Calvinisten stellte das Edikt von Fontainebleau vom 18. Okto-

Migration in der Frühen Neuzeit: Hugenotten

M 4 Verfolgung der Hugenotten in Frankreich 1621
Zeitgenössische Radierung von Jan Luyken, spätere Kolorierung

M 5 Haarknotenbibel von französischen Hugenotten
Der Haarknoten diente als Versteck der in Frankreich verbotenen Bibel, 1753/54. Um die Größe der Bibel zu verdeutlichen, ist auch eine „1-Cent-Münze" abgebildet.

ber 1685 dar. In diesem Erlass wurden die „ewiglichen" Zusicherungen von Nantes widerrufen und der protestantische Glaube verboten. Die verbliebenen protestantischen Kirchen wurden zerstört, protestantische Kinder wurden ihren Eltern entrissen und zwangsweise zum katholischen Glauben erzogen. Zwar kam es zu massenhaften Scheinbekehrungen, doch ein relevanter Teil der Calvinisten war nicht bereit, das evangelische Bekenntnis abzulegen. Obwohl eine Flucht ins Ausland unter Androhung der Galeerenstrafe für Männer (Dienst als angeketteter Ruderer) und der Gefängnishaft für Frauen untersagt wurde, setzte eine der bis dahin größten Massenfluchten Europas ein.

b) Hoffnung auf wirtschaftliche Impulse:

Die religionspolitische Konstellation in Frankreich begriffen etliche Fürsten im Heiligen Römischen Reich Deutscher Nation als Chance. Wenige Jahrzehnte nach dem Westfälischen Frieden waren die Auswirkungen des Dreißigjährigen Krieges hier noch deutlich zu spüren – nicht nur waren weite Landstriche verwüstet, auch die Bevölkerung war auf etwa 60 Prozent des Vorkriegsstandes gesunken (von 16,5 Millionen 1618 auf 10,5 Millionen 1648). Landwirtschaft, Handwerk und Gewerbe lagen brach oder waren zumindest stark eingeschränkt.

Die Landesherren waren bestrebt, den drastischen Bevölkerungsrückgang soweit es ging auszugleichen. Lockerungen der Heiratsschranken sollten die Geburtenrate der ansässigen Bevölkerung erhöhen. Darüber hinaus bemühten sich die deutschen Landesherren, die durch die Vertreibung von religiösen Minderheiten ausgelösten Flüchtlingsströme in ihre Territorien zu lenken. Die Landesherren waren dabei nicht an einer unterschiedslosen Immigration interessiert, vielmehr sollten gezielt diejenigen Migranten angezogen werden, die der eigenen Wirtschaft wertvolle Impulse geben konnten.

c) Migration und konfessionelle Schranken:

Im Heiligen Römischen Reich Deutscher Nation galt der im Westfälischen Frieden erneuerte Grundsatz des Augsburger Religionsfriedens: „Wessen Territorium, dessen Religion". Multikonfessionelle Gesellschaften oder gar religiöse Toleranz, wie wir sie heute kennen, waren dem 17. Jahrhundert fremd. Die Aufnahme protestantischer Glaubensflüchtlinge kam daher nur für die evangelischen Landesherren infrage. Doch selbst in den lutherischen Territorien gab es große Vorbehalte gegen die Aufnahme von Calvinisten, war deren protestantisches Bekenntnis doch erst mit dem Westfälischen Frieden in den Religionsfrieden aufgenommen worden.

Für den „Großen Kurfürsten“ Friedrich Wilhelm von Brandenburg bereiteten diese Differenzen im protestantischen Lager allerdings keine Probleme, da der brandenburgische Zweig der Hohenzollern bereits 1613 zum Calvinismus übergetreten war. Mit dem Edikt von Potsdam wandte sich Friedrich Wilhelm nur wenige Wochen nach dem Erlass von Fontainebleau gezielt an die französischen Glaubensbrüder und sicherte ihnen unter anderem Folgendes zu:

- freie und sichere Niederlassung in Brandenburg;
- Glaubensfreiheit und staatliche Besoldung der Geistlichen;
- langjährige Steuer- und Zollbefreiung;
- Wirtschaftssubventionen (Hilfszahlungen).

Die ersten Hugenotten trafen noch im gleichen Jahr im Kurfürstentum Brandenburg ein und wurden im Sinne der „Peuplierungspolitik“ (bevölkerungspolitische Maßnahmen zur Besiedlung) auf Orte verteilt, deren Bevölkerung durch den Dreißigjährigen Krieg besonders stark zurückgegangen war.

d) Der Beginn der Ansiedlung in Franken:

In Markgraf Christian Ernst von Brandenburg-Bayreuth aus der fränkischen Linie der Hohenzollern erweckte das Vorgehen der brandenburgischen Verwandten die Hoffnung, sein durch die Folgen des Dreißigjährigen Krieges „sehr abgemittelte[s] und enervierte[s] Fürstentum“ auf ähnliche Weise wieder zur wirtschaftlichen Blüte bringen zu können. Schließlich galten die Hugenotten als fleißig und durchaus vermögend. Doch anders als sein kurfürstlicher Kollege in Berlin sah sich der lutherische Markgraf konfessionellen Vorbehalten der Geistlichkeit und der Bevölkerung gegenüber. Insbesondere die streng lutherisch geprägte oberste Bayreuther Kirchenbehörde setzte den Plänen, mit den französischen Flüchtlingen Andersgläubige ins Land zu holen, Widerstand entgegen: Ihr erschien der Unterschied zwischen der lutherischen und der calvinistischen Ausprägung der Reformation zu gravierend. Dennoch unterzeichnete Christian Ernst bereits im November 1685 einen Erlass zur Ansiedlung französischer Glaubensflüchtlinge.

e) Die Ansiedlung in Franken:

In Anlehnung an das Potsdamer Edikt umfasste auch das markgräfliche Privileg genau vierzehn Punkte. Von zentraler Bedeutung war die Garantie der vollständigen Gewissensfreiheit und der freien Ausübung der reformierten Religion für die französischen Glaubensflüchtlinge, wobei diese ihre Kirchenversammlungen „nach Übung und Gewohnheit der Reformierten Kirche in Frankreich“ einrichten durften.

M 6 Ankunft der ersten Hugenotten in Erlangen am Ende des 17. Jahrhunderts

Glasgemälde, 1892

M 7 Der Kurfürst (von Brandenburg) lässt sich von hugenottischen Fabrikanten ihre Erzeugnisse wie Seidenstoffe, Porzellan und Silber zeigen

Radierung von Daniel Chodowiecki, 1786

Migration in der Frühen Neuzeit: Hugenotten

Darüber hinaus sah die Urkunde folgende Vergünstigungen vor:

- Darlehen zur Gründung von Manufakturen;
- kostenlose Unterkunft für die ärmeren Neuankömmlinge während der ersten drei Monate;
- die Erlaubnis, Häuser zu bauen, bei kostenloser Bereitstellung von Bauplatz und -materialien durch die landesherrliche Obrigkeit;
- das Recht, Grundstücke zu erwerben;
- zehn Jahre Steuerfreiheit bei der Gründung von Manufakturen, fünfjährige Steuerfreiheit für alle anderen Gewerbe.

Im Gegenzug erwartete der Markgraf von allen Hugenotten einen Treueeid.

f) Abgrenzung und Integration:

Ab Mai 1686 trafen nach und nach erste Flüchtlingsgruppen in dem kleinen fränkischen Städtchen Erlangen ein. Sie wurden zunächst notdürftig in der Stadt selbst und in umliegenden Ortschaften untergebracht. Die damit verbundene Enge führte zunächst zu Unmut unter den Einheimischen.
Dass es dem Markgrafen mit seinen Zusagen ernst war, zeigte er mit der Abkommandierung von Soldaten aus seiner Hauptstadt Bayreuth zum Bau einer neuen Siedlung südlich der Altstadt Erlangens. Bereits im Juli erfolgte hier die Grundsteinlegung eines reformierten Gotteshauses. In dem dabei stattfindenden Gottesdienst dankte der Prediger dem Markgrafen für die Aufnahme der Glaubensflüchtlinge. Den Bau der Kirche finanzierte Markgraf Christian Ernst aus seinem Privatvermögen.

In einem weiteren Privileg bestätigte Christian Ernst das Recht der französischen Calvinisten auf freie Religionsausübung, insbesondere die ungehinderte Abhaltung reformierter Gottesdienste gemäß französischem Bekenntnis. Diese Gottesdienstordnung unterschied sich teils erheblich von der bis dahin allein erlaubten evangelisch-lutherischen. Die konfessionellen Unterschiede wurden auch im Stadtbild deutlich: Abgesetzt vom bereits bestehenden Erlangen entstand eine dem Idealtypus der Zeit entsprechende neue Stadt nach Plänen des markgräflichen Hofbaumeisters Ernst Moritz Richter.
Die alteingesessenen markgräflichen Untertanen standen der Ankunft der reformierten Franzosen eher skeptisch gegenüber. Zu Vorbehalten gegen deren fremde Lebensgewohnheiten kam auch ein gewisser Neid auf die wirtschaftlichen und steuerlichen Begünstigungen für die Neubürger.

g) Wirtschaftliche Impulse durch die Ansiedlung der Hugenotten:

Mit der Aufnahme der Glaubensflüchtlinge verfolgte der Markgraf eine klare wirtschaftliche Zielsetzung. Eine Liste, die er seinem Unterhändler zu den Anwerbungen in die Schweiz mitgab, verzeichnete Berufe, die Christian Ernst als neue Gewerbe für sein Fürstentum zu gewinnen suchte: Wollenzeugmacher, Hutmacher, Spitzenmacher, Zwirner, Strumpfmacher und Bandmacher, Tuchmacher, Messerschmiede, Tuchscherer, Tuchbereiter, Büchsenmacher, Tapezierer und Kunstfärber für Seide, Tuch und Zwirn. Diese Gewerbe waren bis dahin in Franken noch kaum entwickelt oder sogar gänzlich unbekannt.

M 8 Hugenottenbrunnen in Erlangen

1706 nach Plänen des Bayreuther Hofbildhauer Elias Räntz für den Markgrafen Christian Ernst erbaut, aktuelles Foto

M 9 Berufsgruppen der 1703 in Berlin angesiedelten Hugenottenfamilien Statistik

Berufsgruppen	Anzahl
Apotheker	8
Bäcker	27
Mediziner	20
Goldschmiede	18
Hutmacher	9
Handwerker/Arbeiter	136
Perückenmacher	22
Schuhmacher	59
Strumpffabrikanten	82
Schneider	35
Wollspinner und Kämmer	91

M 10 Erlebnisse einer Hugenottenfamilie

Susanne Madelaine Jassoy, geborene Morizot, schrieb eine Chronik über ihre Familie, die in Metz beheimatet war. Darin berichtet sie über die Flucht aus dem 17. Jahrhundert:

Mit einem Fuhrmann war vereinbart worden, dass er den Wagen mit der Familien nach Ludweiler, einem etwa zehn Stunden von Metz gelegenen deutschen Grenzdorf, fahren sollte. Dem Fuhrmann mussten dafür der Wagen und seine vier Pferde bezahlt werden. [...]
Nachdem so alle beisammen waren, bestiegen sie den bereitstehenden Wagen und fuhren unter Leitung des Fuhrmanns in dunkler Nacht der deutschen Grenze zu. Ernste Gedanken waren es, welche sie dabei bewegten. Eines Teils war es die Besorgnis, entdeckt zu werden, ehe sie die Grenze erreichten konnten, und in diesem Fall war allen Beteiligten strenge Strafe gewiss, zum anderen die Ungewissheit, ob sie in einem fremden Land, dessen Sprache, Sitten und Gebräuche ihnen zum großen Teil unbekannt waren, sich zurecht zu finden [...] vermöchten. Der Wert derjenigen Objekte, die zurückgelassen werden mussten, war sehr erheblich. [...]
Unterwegs gab Frau Morizot ihren Gedanken lauten Ausdruck: „Meine lieben Kinder", sprach sie, „wir verlassen unser Vaterland und alles, was uns wert und teuer ist, um euretwillen und des Heiles eurer Seele willen. Aber die Gefahr ist groß. Ihr müsst wissen, was uns bevorsteht, wenn wir ertappt werden. Der Vater kommt auf die Galeere, der Mutter wird von Henkers Hand der Kopf geschoren und sie kommt auf Lebenszeit ins Gefängnis, die Kinder aber kommen ins Kloster und ihr Vermögen wird eingezogen. Bittet daher Gott mit mir, dass er uns glücklich entweichen lasse ...". [...] Unter solchen Betrachtungen kamen unsere Flüchtlinge nachts um zwei Uhr in ein lothringisches Dorf [...]. Als man wieder eine halbe Stunde unterwegs war, bemerkte Herr Morizot plötzlich, dass der Fuhrmann fehlte. Da der Knecht über das Verbleiben seines Herrn keine Auskunft zu geben wusste, befiel Herrn Morizot große Angst. „Wenn er nach Metz zurückgegangen wäre", sagte er zu seiner Frau, „und man uns die Polizeireiter nachschickt, so wären wir verloren." Um sieben Uhr morgens war der Fuhrmann noch nicht da. [Etwas später tauchte er jedoch wieder auf:] „Ach, mein lieber Morizot", sagte der Fuhrmann, „wie können Sie so etwas von mir denken?" [...].
Um sechs Uhr abends hatten die Flüchtlinge glücklich die Grenze überschritten und kamen in Ludweiler an.

Übers. zit. n.: Jochen Desel/Walter Mogk (Hg.), Wege in eine neue Heimat – Fluchtberichte von Hugenotten aus Metz, Sickte: Dt. Hugenotten-Verein 1987, S. 133ff.

M 11 Einwanderung der Hugenotten – Konflikte und Konfliktlösung

Der Historiker Ulrich Niggemann untersucht die Einwanderung der Hugenotten in die Markgrafschaft Brandenburg-Bayreuth (2007):

Insbesondere die Hugenotten selbst hatten in der Phase der Ausgestaltung ihrer rechtlichen Stellung einen beträchtlichen Einfluss auf die landesherrliche Konzeption. Sie konnten in beachtlichem Maße ihre Vorstellungen mit einbringen und durch die Drohung das Land wieder zu verlassen oder von vornherein besseren Angeboten zu folgen, maßgebliche Korrekturen der markgräflichen Entscheidungen erwirken. Doch auch die einheimische Bevölkerung, die durch die Einwanderung und mehr noch durch die Art und Weise, wie dieselbe durchgeführt wurde, in hohem Maße belastet wurde, konnte durch die Artikulation ihrer Interessen in Protest und Widerstand, aber auch in schriftlich eingereichten Petitionen, Klagen und Beschwerden Einfluss auf den Verlauf der Hugenottenansiedlung nehmen. [...]
Tatsächlich zeigt sich in ihrem Agieren, dass sie die Hugenottenansiedlung nicht prinzipiell ablehnten, sondern eher punktuell gegen schwerere Beeinträchtigungen, insbesondere in wirtschaftlicher Hinsicht, protestierten. [...]
Die Hugenottenansiedlung in Brandenburg-Bayreuth war also kein einsam durch den absolutistischen Fürsten und wenige Berater gelenkter Vorgang, sondern ein Prozess des Ausprobierens, des Austestens von Grenzen und des Aushandelns gegenläufiger Interessen, mithin also ein „kommunikativer Prozess" – wie jede Herrschaftsausübung im konkreten Vollzug. [...]
Bei der Durchsicht der Quellen erweist sich jedoch, dass die Ziele aller Beteiligten eher begrenzt waren. Die Landesherren hatten ein deutliches Interesse an der (vermuteten) Wirtschaftskraft der Hugenotten, die sie sich so schnell wie möglich durch eine zügige Etablierung und mit möglichst geringen staatlichen Kosten zunutze machen wollten. Auch die Refugiés [Flüchtenden] selbst waren an einem raschen Aufbau der Kolonien und ihrer Wirtschaftsbetriebe interessiert, darüber hinaus aber auch an einer umfassenden rechtlichen, religiösen und wirtschaftlichen Privilegierung, die von den Landesherren teilweise nur widerstrebend und in mehreren Schritten gewährt wurde.

Ulrich Niggemann: „Die Hugenotten in Brandenburg-Bayreuth. Immigrationspolitik als ‚kommunikativer Prozess'", in: Guido Braun, Susanne Lachenicht (Hg.), Hugenotten und deutsche Territorialstaaten. Immigrationspolitik und Integrationsprozesse/Les États allemands et les huguenots. Politique d'immigration et processus d'intégration, Bd. 82, Berlin/Boston: de Gruyter Oldenbourg 2007, S. 123f.

Migration im 18. Jahrhundert: Salzburger Exulanten

Das folgende Lied entstand zu Beginn des 18. Jahrhunderts und verweist auf eine große Migrationsbewegung: die sogenannten Salzburger Exulanten. Worum ging es dabei und wie reagierten die Betroffenen? Der Text gibt erste Hinweise.

M 1 Jesu, mein Wanderstab – Ein besonderes Lied

Das religiöse Lied wurde von Albert Wessel 1732 verfasst. Er war wohl Prediger in Frankfurt/Oder und schrieb dieses Lied für Salzburger Glaubensflüchtlinge, die nach Litauen wanderten. Es wurde auf die Melodie von „Nun danket alle Gott“ gesungen:

1. JEsu mein Wander=Stab
mit dir kan ich fort ziehen
aus meinem Vaterland
mit dir kan ich fort fliehen
wenn mich des Feindes List
aus meinem Hause jagt.
Du bleibst mein bester Freund
wenn Pharao mich plagt.

2. JEsu mein Wander=Stab
auf dich kan ich mich lehnen.
Ach zähle meine Flucht
ach zähle meine Thränen.
Ja / ja du zählest sie
hältst sie in deiner Hand.
Sey du mein Himmelreich
sey du mein Vater=Land.

3. JEsu mein Wander=Stab
ich bleib dir einverleibet
wenn Ketten / Marter / Zwang
mich aus den Gräntzen treibet.
Du bist selbst auch verjagt
dein Fliehn mein Zufliehn ist.
Dein Creutz mein Wander=Stab.
Du mein Begleiter bist.

4. JEsu mein Wander=Stab
hier unter deiner Fahne
kämpf ich durch deine Krafft
ach mache mir die Bahne.
Dein Nahm die Losung ist
dein Blut ist mein Panier.
Dein Wort mein Sieges=Schwert
dein Geist mich leit und führt.
[...]
7. JEsu mein Wander=Stab
wenn ich in Ohnmacht falle
wenn ich des Weges fehl
wenn ich in Schwachheit lalle:
So unterstütze mich
so gleitet nicht mein Fuß.
Ach richte du mich auf
so lang ich wandern muß.
[...]
11. JEsu mein Wander=Stab
ach leg auf meinen Wegen
dein Licht / nicht Finsterniß;
Nicht Fluch / vielmehr den Seegen!
Dein Wort sey mir ein Saltz
ich Schäfflein / du mein Hirt.
Ich Pilgrim / und ein Gast
du meiner Seelen Wirth.
[...]
13. JEsu mein Wander=Stab
wer es mit dir nur waget
sitzt in der festen Burg
wer dir seyn Creutz nur saget:
Ach ich vertriebnes Kind!
Der hört des Königs Wort
das GOtt durch Ihn verspricht:
Komm her / Bau diesen Ort.

14. JEsu mein Wander=Stab
Saltzburg nun bleib zurücke.
Es wässert schon mein Aug
da ich von fern erblicke
was GOTTES Güte giebt
was GOTT mir beygelegt.
JEsu mein Wander=Stab
wohl dem der dich nur trägt.

15. JEsu mein Wander=Stab
nichts soll mich von dir scheiden.
Die Wahrheit macht mich frey.
Dein Leiden stärckt im Leiden.
Ich laß dich JEsu nicht
sterb ich / bist du mein Grab.
Geh mit mir aus und ein
JEsu mein Wander=Stab.

Raymond Dittrich (Hg.), Die Lieder der Salzburger Emigration von 1731/32. Edition nach zeitgenössischen Textdrucken, Tübingen: Francke 2008, S. 247–250.

Aufgaben

Die Salzburger Exulanten – Lernaufgabe

Erstellen Sie einen Lexikoneintrag über die Salzburger Exulanten. Berücksichtigen Sie folgende Arbeitsschritte:

a) Analysieren Sie das religiöse Lied im Hinblick auf die Situation der Glaubensflüchtlinge. Stellen Sie die Informationen zu ihrer Vertreibung zusammen und beschreiben Sie deren religiöse Einstellung dazu.
b) Ordnen Sie das Lied in den historischen Zusammenhang ein. Werten Sie dafür den Infotext M2 aus und analysieren Sie die Abbildungen.
c) Suchen Sie im Internet nach weiteren Informationen. Wählen Sie dafür drei Angebote aus und begründen Sie Ihre Entscheidung. Ziehen Sie dazu auch den Trainingskasten auf Seite 13 heran.
d) Vergleichen Sie die Migration der Salzburger Exulanten mit anderen Glaubensflüchtlingen, wie z. B. den Hugenotten.
e) Verfassen Sie einen Lexikoneintrag. Achten Sie auf eine klare Gliederung, z. B. Begriff – Gründe – Verlauf ...

→ M1–M4, Internet

M 2 Migration im 18. Jahrhundert: Salzburger Exulanten – Infotext

a) Salzburger Exulanten:

Am 31. Oktober 1731 wurde ein Erlass des Erzbischofs von Salzburg verkündet, das sogenannte Emigrationspatent. In diesem verordnete der katholische Bischof Leopold Anton von Firmian die Ausweisung aller protestantischen Untertanen aus seinem Herrschaftsgebiet binnen weniger Tage. Etwa 20 000 Personen – vor allem Bauern und Bergleute – verließen daraufhin das Erzbistum. Sie fanden meist in Preußen, aber auch in den Niederlanden und sogar in den USA eine neue Heimat. Diese Menschen werden, da sie in der Verbannung leben (lat.: exulare) mussten, als „Salzburger Exulanten" bezeichnet. Welche Hintergründe hatte dieses Ereignis?

b) Das Emigrationspatent und die Folgen:

Im katholisch dominierten Salzburg gab es einerseits viele Protestanten, die sich der Reformation angeschlossen hatten, und andererseits den katholischen Landesherrn, der das Erzbistum beherrschte. Nach dem Dreißigjährigen Krieg war im Westfälischen Frieden (1648) religiösen Minderheiten die freie Religionsausübung zugesichert worden, sofern es in ihrem Gebiet im Stichjahr 1624 schon mehrere Konfessionen gegeben hatte. Wo dies nicht der Fall war, konnte der Landesherr Andersgläubige zur Auswanderung zwingen, die innerhalb von drei Jahren zu geschehen hatte. Diese Regelung traf auch auf Salzburg zu.

Der Salzburger Erzbischof strebte nach einer Stärkung des katholischen Glaubens, was zu zunehmenden Konflikten mit den ansässigen Protestanten führte, die eine Konversion ablehnten und nachdrücklich auf der Ausübung ihres Glaubens beharrten. Hinzu kamen politische und wirtschaftliche Probleme im Land. Nachdem sich die Situation immer weiter zuspitzte und sogar ein Aufstand zu befürchten war, entschloss sich der Erzbischof, die Protestanten innerhalb kürzester Zeit auszuweisen. An die vorgeschriebene Drei-Jahres-Frist hielt er sich dabei nicht.

c) Ankunft in der neuen Heimat:

Die Maßnahme löste heftige Kritik aus, da der Gedanke religiöser Toleranz im Zeitalter der Aufklärung immer stärkere Verbreitung fand und die Auswanderung aus konfessionellen Gründen immer seltener erzwungen wurde. Selbst katholische Fürsten distanzierten sich vom Salzburger Erzbischof. Der protestantische König Friedrich Wilhelm I. lud die Glaubensflüchtlinge ein, sich in Preußen niederzulassen; 1732 verkündete er einen entsprechenden Einwanderungserlass.
„Peuplierung", also die Ansiedlung von Bevölkerungsgruppen, war damals eine wichtige politische Maßnahme vieler Landesherren. Die neuen Untertanen sollten Land urbar machen, die landwirtschaftliche Produktion steigern, Handel und Gewerbe Aufschwung verleihen und neue Soldaten stellen. Bis heute leben Nachfahren der Salzburger Exulanten in der Region des einstigen Preußens: Süddeutsche Familiennamen wie Fritzenwallner, Schaitberger oder Wagenbichler erinnern an die große Migrationsbewegung im 18. Jahrhundert.

M 3 „Emigrantenfamilie aus Salzburg unter dem preußischen Adler"
Kupferstich, 1732

M 4 „Wie die Salzburger in Preußisch Litauen ihre Häußer und Aecker bauen – Anno 1732"
Zeitgenössischer Kupferstich

Migration in Bayern im 19. Jahrhundert – Binnenwanderung und Auswanderung in die USA

Die Bilder auf dieser Seite zeigen Stationen der Auswanderung in die USA. Die massenhafte Emigration war im 19. Jahrhundert ein neues Phänomen. Doch dies war nur eine Wanderungsbewegung unter mehreren, die Bayern im 19. Jahrhundert prägten.

M 1 Auswanderer bei der Einfahrt in den New Yorker Hafen
Gemälde, 1887

M 2 Siedler im „Wilden Westen" in Nebraska
Fotografie, um 1880

Aufgaben

Stationen der Auswanderung – ein Bilderbogen

a) Beschreiben Sie die einzelnen Bilder und bestimmen Sie die Reihenfolge der abgebildeten Stationen, die eine Auswandererfamilie durchlaufen musste.
b) Analysieren Sie die einzelnen Bildquellen. Erschließen Sie die darin enthaltenen Informationen zur Auswanderung in die USA.
c) Beurteilen Sie den Quellenwert dieser Quellengattung.
d) Formulieren Sie Fragen, die nach dieser ersten Einordnung in Bezug auf die Auswanderung offen geblieben sind.
e) Beantworten Sie diese Fragen mithilfe des Infotextes M6.
f) Zeigen Sie, dass es sich hier um eine spezifische Form von Migration handelt.
g) Stellen Sie zusammenfassend die Bedeutung dieser Migrationsbewegung des 19. Jahrhunderts für Bayern dar.

→ M1–M5, Infotext M6

M 3 **Auswanderer in Bremerhaven**

Foto, 1880

M 4 **Auswanderer auf dem Rhein**

Holzstich, 1864

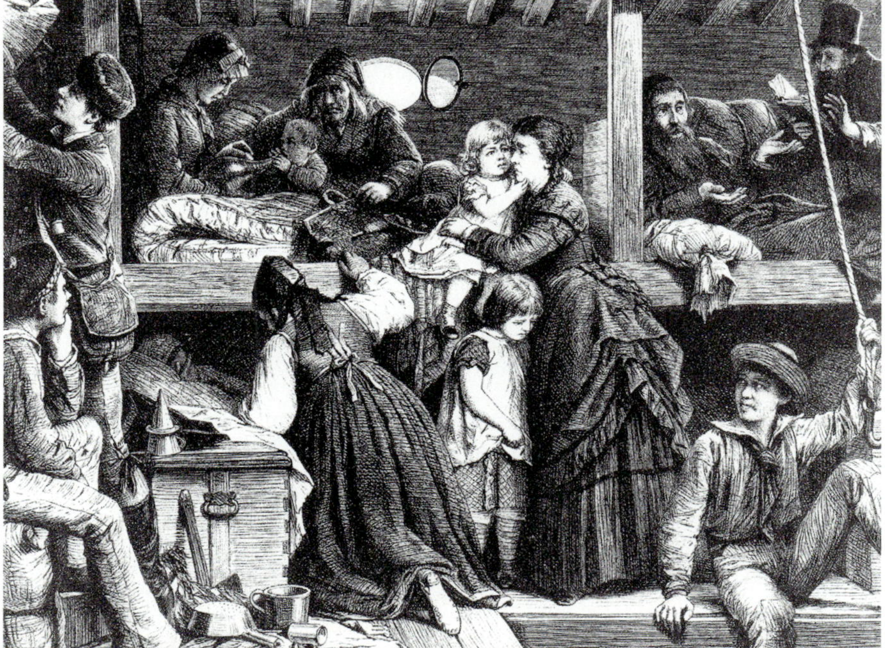

M 5 **Auswanderer im Zwischendeck**

Ein Passagierschiff auf dem Weg nach Amerika, Holzstich, 1886

Migration in Bayern im 19. Jh. – Binnenwanderung und Auswanderung in die USA

1848/49: Revolution in Deutschland

Industrialisierung

Soziale Frage

M 6 Bayern: Migration im 19. Jahrhundert – Infotext

a) Bevölkerungswachstum:

Wie in fast allen europäischen Staaten nahm die Einwohnerzahl auch im Königreich Bayern im Verlauf des 19. Jahrhunderts deutlich zu. Die Hauptursache hierfür war eine geringere Sterblichkeitsquote aufgrund von Verbesserungen der Ernährung, Hygiene und medizinischen Versorgung. Im Vergleich zu anderen deutschen Regionen fiel das Bevölkerungswachstum in Bayern jedoch geringer aus, insbesondere weil hier erst in den 1860er-Jahren die Eheschließung für Ärmere erleichtert wurde. Zudem führten die wirtschaftliche Rückständigkeit Bayerns und die daraus resultierenden schlechteren Lebensbedingungen dazu, dass 41 Prozent der Geburtenüberschüsse zwischen 1834 und 1871 durch Abwanderung verloren gingen. Im gesamtdeutschen Vergleich bedeutete das zunächst nur einen moderaten Bevölkerungszuwachs: 1840 wurden im Königreich Bayern 4.371.000 Menschen gezählt, zum Zeitpunkt der Reichsgründung 1871 waren es 4.863.000. Bis 1910 wuchs die bayerische Bevölkerung jedoch auf 6.887.000 Menschen an.

b) Binnenwanderung und Verstädterung:

Eine erhöhte Mobilität der Bevölkerung ist ein wesentliches Kennzeichen der Industrialisierung. Verursacht wurde die Migration im 19. Jahrhundert vor allem durch die immer größer werdenden Unterschiede von Einkommen sowie Arbeits- und Lebensbedingungen, insbesondere zwischen Stadt und Land. Viele Menschen verließen die agrarisch geprägten Regionen und zogen in die neuen industriellen Ballungsräume. Von der Binnenwanderung innerhalb Bayerns profitierten damals vor allem die zwei ersten bayerischen Großstädte (über 100.000 Einwohner) München und Nürnberg mitsamt Umland.
Generell kam es nach der Reichsgründung zu einem Verstädterungsprozess, wohingegen strukturschwache bayerische Gebiete und die bayerischen Landgemeinden trotz erheblicher Geburtenüberschüsse nicht mehr wuchsen. Die abwandernden Menschen fanden vielfach eine neue Heimat in den benachbarten Städten mit industrieller Produktion, aber auch in anderen deutschen Industrieregionen. Ein Teil der bayerischen Migranten verließ sogar Europa, dabei bildeten die USA das Hauptziel der Auswanderer nach Übersee.

c) Migrationsgründe im 19. Jahrhundert:

Wanderungsbestimmend waren in den meisten Fällen wirtschaftliche Gründe, politische und religiöse Motive nahmen zum Ende des 19. Jahrhunderts deutlich ab. Angetrieben wurde die Migration durch eine Vielzahl von Faktoren:

- Die Bauernbefreiung hatte viele Kleinbauern von ihrem Land vertrieben, weil diese die erforderliche Ablösesumme an ihre Feudalherren nicht bezahlen konnten.
- Das bäuerliche Anerbenrecht (Vererbung an einen einzelnen Nachfolger ohne Zerteilung des Hofes) bot nachgeborenen Kindern nur geringe Chancen.
- Zwischen 1800 und 1900 verzeichnete Deutschland einen starken Bevölkerungszuwachs um 130 Prozent. Die Erwerbsmöglichkeiten stagnierten und die Preise für Roggen, Kartoffeln oder Kleidung stiegen deutlich an.
- Mehrere schwere Missernten von 1846 bis 1853 verteuerten die Preise für Grundnahrungsmittel wie Brot und Kartoffeln zusätzlich. Große Teile der Bevölkerung wurden in den Pauperismus getrieben, also in eine strukturelle, schwere und langanhaltende Armut.
- Der aus England übergreifende Prozess der Industrialisierung vernichtete zunehmend kleine Handwerksbetriebe, die ohnehin schon durch die Gewerbefreiheit unter großem Konkurrenzdruck standen.
- Ein wichtiges politisches Motiv stellte schließlich das Scheitern der Revolution von 1848/49 dar. Politische Verfolgung und Enttäuschung über die ausbleibende Demokratisierung waren Gründe für die Auswanderung.
- Die schlechte Lebenssituation und die vielfältigen Diskriminierungen veranlassten auch viele Jüdinnen und Juden zur Auswanderung.

d) Die Auswanderung in die USA:

Die Auswanderung von Deutschen in die USA begann Ende des 17. Jahrhunderts: Eine Gruppe von Quäkern (eine religiöse Gemeinschaft) sah sich in Deutschland in ihrer Religionsfreiheit beengt und gründete im Staat Pennsylvania 1683 die

M 7 **Reedereiplakat um 1890**

Der Preis für die Überfahrt nach Amerika kostete 80 Gulden. Das entsprach etwa 7 Monatslöhnen eines Arbeiters.

Stadt „Germantown". Sie bildeten den Anfang einer Migrationsbewegung, in deren Verlauf allein zwischen 1816 und 1915 etwa 5,5 Millionen Deutsche in die USA übersiedelten.
Eine Massenmigration setzte aber erst im 19. Jahrhundert ein. Ihren Höhepunkt erreichte die Auswanderung nach Übersee in der zweiten Hälfte des 19. Jahrhunderts in drei Auswanderungswellen: Die erste Welle zwischen 1845 und 1858 betraf mehr als 1,3 Millionen Menschen, überwiegend handelte es sich um eine Familienwanderung selbstständiger Kleinlandwirte und Kleingewerbetreibender. Bei der zweiten Auswanderungswelle zwischen 1864 und 1873 mit einer Million Migranten und in der dritten Welle zwischen 1880 und 1893, als insgesamt 1,8 Millionen emigrierten, waren überproportional Handwerker, unterbäuerliche Schichten und Tagelöhner beteiligt. Zwar war die Auswanderung im Familienverbund noch vorherrschend, doch gab es immer mehr jüngere Einzelwanderer.
Für das Königreich Bayern liegen keine exakten Zahlen vor, auch weil viele Auswanderer die Heimat illegal verlassen haben. Zwischen 1836 und 1890 gab es rund 240 000 genehmigte Auswanderungen in die USA, daneben aber mindestens 368 000 nicht registrierte bayerische Auswanderer.
Während eine Binnenwanderung innerhalb des Deutschen Bundes ab 1815 möglich war, wurde die Auswanderung aus dem Königreich Bayern grundsätzlich durch eine Genehmigungspflicht erschwert: Die Behörden kontrollierten, ob der Militärdienst abgeleistet und alle privaten Verpflichtungen abgelöst waren, zudem musste die Finanzierung der

M 8 **Deutsche überseeische Auswanderung 1820–1914 (in 1000)**

Periode	Insgesamt	In die USA	In andere Länder	In % der Bevölkerung
1820–1824	9,8	–	–	0,38
1825–1829	12,7	–	–	0,46
1830–1834	51,1	34,9	3,5	1,79
1835–1839	94,0	85,4	8,6	3,13
1840–1844	110,5	100,5	10,0	3,47
1845–1849	308,3	285,0	23,3	9,22
1850–1854	728,2	654,2	74,0	21,26
1855–1859	372,0	321,8	50,2	10,63
1860–1864	225,8	204,2	21,6	6,17
1865–1869	542,5	519,5	23,0	14,10
1870–1874	484,7	450,9	33,8	11,85
1875–1879	146,4	120,0	26,4	3,37
1880–1884	864,3	797,9	66,4	19,01
1885–1889	498,2	455,6	42,6	10,41
1890–1894	462,2	428,8	33,4	9,20
1895–1899	142,5	120,2	22,3	2,65
1900–1904	140,8	128,6	12,2	2,44
1905–1909	135,7	123,5	12,2	2,19
1910–1914	104,4	84,1	20,3	1,58

Nach: Hubert Kiesewetter, Industrielle Revolution in Deutschland 1815–1914, Frankfurt a. M.: Suhrkamp 1989, S. 140.

Migration in Bayern im 19. Jh. – Binnenwanderung und Auswanderung in die USA

Schiffspassage nachgewiesen werden. Insbesondere im Vormärz wurde allerdings auch die Ventilfunktion der Auswanderung erkannt, weil schwere soziale Probleme durch einen „Export der sozialen Frage“ (Klaus J. Baade) abgemildert werden konnten.

Mit der Reichsgründung 1871 wurde das Recht auf Auswanderung staatlich anerkannt. 1893 war das letzte Jahr mit einer starken transatlantischen Migration, danach boten die Hochindustrialisierung und die Modernisierung der Landwirtschaft den Menschen auch in der Heimat hinreichende wirtschaftliche Chancen.

Ab 1822 existierte ein regelmäßiger Schiffsverkehr zwischen Bremen und New York. 25 Jahre später erfolgte die Gründung der Hamburg-Amerikanischen-Packetfahrt-Actien-Gesellschaft (HAPAG): Der Transport von Migranten wurde zu einem einträglichen Geschäft. Die Überfahrt mit dem Segelschiff dauerte durchschnittlich 44 Tage, Dampfschiffe benötigten hingegen weniger als zwei Wochen. Zahlungskräftige Passagiere leisteten sich Kabinen, die Masse der Migranten reiste hingegen ohne Tageslicht auf zusätzlich eingebauten Zwischendecks mit einer durchschnittlichen Höhe von nur 1,70 Metern. Das Hauptdeck durfte von ihnen nur bei guter Witterung betreten werden. Epidemien waren auf den Überfahrten nicht unüblich. Auch kam es noch bis in die zweite Hälfte des 19. Jahrhunderts zu zahlreichen Schiffsunglücken.

e) Anreize zur Einwanderung in die Vereinigten Staaten von Amerika:

Die USA gewährten ab 1802 Pass- und Visafreiheit. Bis in die 1880er-Jahre existierten nur wenige Beschränkungen für die Einwanderung; einzig Kriminellen, Prostituierten, Personen mit ansteckenden Krankheiten und psychisch Kranken war die Einreise gesetzlich untersagt. Die Ablehnungsquote aller auf Ellis Island gestellten Einreiseanträge betrug etwa zwei Prozent. Die USA setzten ganz bewusst starke Anreize zur Immigration:

- Es wurde die unkomplizierte Möglichkeit geboten, nach fünf Jahren Aufenthalt US-amerikanischer Staatsbürger zu werden. Allen Staatsbürgern wurden die bürgerlichen Rechte garantiert.
- Die Bodenpreise für freies Land aus US-amerikanischem Staatsbesitz waren einheitlich und niedrig. Durch den Homestead Act (1862) erhielten Siedler freien Boden sogar kostenlos, wenn sie ihn fünf Jahre lang bewohnt und bewirtschaftet hatten. Für die Bewirtschaftung geeignetes Land wurde jedoch zunehmend knapper und musste hinzugekauft werden; zudem mechanisierte sich die US-amerikanische Landwirtschaft rasch, sodass nur noch auf großen Flächen und mit teuren Maschinen konkurrenzfähig produziert werden konnte.
- Das Lohnniveau für Facharbeiter lag zwischen 50 und 100 Prozent über den vergleichbaren Einkommen von Facharbeitern in England. Allerdings waren die Lebenshaltungskosten in den Ostküstenstädten der USA ebenfalls hoch.

f) Das Einleben in der neuen Heimat:

Im 19. Jahrhundert stellten die Deutschen neben den Iren die größte Migrantengruppe dar. Mehr als die Hälfte aller Auswandernden waren Männer, etwa zwei Drittel von ihnen zwischen 15 und 40 Jahre alt. Fast alle wurden bereits in der USA erwartet: Etwa 95 Prozent von ihnen reisten im Rahmen von „Kettenwanderungen“ in die USA ein und siedelten sich an Orten an, an denen bereits Landsleute lebten. Auf diese Weise kam es zur Bildung von national geprägten Wohnvierteln und ländlichen Regionen, in denen sich die Migranten in einem deutsch dominierten Umfeld wiederfanden. Deutschsprachige Schulen, Ärzte, Anwälte und sogar Zeitungen waren dabei Selbstverständlichkeiten. Deutsche Migranten verteilen sich also keineswegs gleichmäßig über das Land. Zielgebiete der Deutschen waren New York und Chicago mit eigenen deutschen Vierteln sowie der „German Belt“ zwischen Ohio und Nebraska (von Ost nach West) und Wisconsin und Missouri (von Nord nach Süd). Deutsche oder bayerische kulturelle Bräuche werden in den USA bis heute gepflegt, wie das Beispiel eines „Oktoberfestes“ in New York zeigt.

M 9 „Oktoberfest“ in New York
Fotografie, 2014

Bevölkerungsentwicklung im 19. Jahrhundert – mit Statistiken arbeiten

M 10 Wachstum der bayerischen Städte 1840–1900

	1840	1861	1871	1880	1890	1900
München	115.255	153.205	181.362	246.987	350.594	499.932
Nürnberg	47.899	64.452	83.970	101.552	145.443	261.081
Augsburg	36.869	45.389	51.220	61.403	75.629	89.170
Würzburg	26.814	36.119	40.005	51.014	61.039	75.499
Fürth	14.989	19.125	24.577	31.063	43.206	54.144
Regensburg	21.942	27.875	29.185	34.516	37.934	45.429
Kaiserslautern[1]	8.250	12.029	17.896	26.323	37.047	48.310
Ludwigshafen[1]	1.511	5.122	10.023	18.192	33.216	61.914
Bamberg	20.863	23.542	25.738	29.587	35.815	41.823

1 damals zu Bayern gehörig

Dirk Götschmann, Wirtschaftsgeschichte Bayerns: 19. und 20. Jahrhundert, Regensburg: Pustet 2010, S. 154 (Hinweis: 1840 fand die erste Volkszählung in Bayern statt.)

M 11 Bevölkerungswachstum ausgewählter deutscher Bundesstaaten und preußischer Provinzen 1816–1910

Staaten	Bevölkerung			Zunahme in %
Jahr	1816	1871	1910	1816–1910
Preußen	13 708 978	24 689 352	40 165 219	193,0
– Schlesien	1 942 063	3 707 167	3 225 962	169,1
– Ostpreußen	886 174	1 822 934	2 064 175	132,9
– Rheinland	1 909 932	3 579 347	7 121 140	272,9
Bayern	3 607 036	4 863 450	6 887 291	90,9
Württemberg	1 410 684	1 818 539	2 437 574	72,8
Baden	1 005 899	1 461 562	2 142 833	113,0
Sachsen	1 194 010	2 556 244	4 806 681	302,6
Mecklenburg-Schwerin	308 166	552 897	639 958	107,7
Deutsches Reich	24 833 396	41 058 792	64 925 993	161,5

Nach: Hubert Kiesewetter, Industrielle Revolution in Deutschland 1815–1914, Frankfurt a. M.: Suhrkamp 1989, S. 126.

Aufgaben

Bevölkerungsentwicklung im 19. Jahrhundert – mit Statistiken arbeiten

Im 19. Jahrhundert begann die systematische Erhebung von Daten, sodass mitunter von einem „statistischen Zeitalter“ die Rede ist. Allerdings beruhen die Zahlen aus der ersten Jahrhunderthälfte oft auf Schätzungen. Dies ist bei der Auswertung von Statistiken aus der damaligen Zeit zu bedenken.

a) Beschreiben Sie den Aufbau der Statistiken M10 und M11 (Jahreszahlen, Intervalle, Gebiete und Städte).

b) Fertigen Sie arbeitsteilig zu den Statistiken M8, M10 und M11 eine eigene grafische Darstellung an und begründen Sie die Wahl der Darstellungsart.

c) Erläutern Sie anhand der Tabellen bzw. der grafischen Darstellung die zentralen demografischen Tendenzen der bayerischen Entwicklung.

d) Beurteilen Sie diese Entwicklung in Bayern im Vergleich zu anderen deutschen Staaten. Berücksichtigen Sie die damit verbundenen Chancen und Probleme.

→ M8, M10–M11

Levi Strauss: Gründer des Weltkonzerns aus San Francisco mit der „Hose mit den zwei Pferden“

M 1 **Levi Strauss (1829–1902)**

Der Erfinder der Jeans wurde in Buttenheim bei Bamberg geboren und wanderte 1847 nach Amerika aus. Foto, um 1850.

Info

Jüdische Auswanderung

Das „Edikt vom 10.06.1813 über die Verhältnisse der jüdischen Glaubensgenossen im Königreich Baiern“ beschränkte durch seinen strengen Matrikelparagrafen (Matrikel: Verzeichnis, Liste) die Niederlassungsrechte für nachgeborene Kinder jüdischer Familien erheblich. Da essenzielle Lebensstationen wie Heirat, Berufswahl und Niederlassung in der Heimat mit fast unüberwindbaren Schwierigkeiten verbunden waren, bot die Auswanderung in die USA bayerischen Jüdinnen und Juden eine Zukunftsperspektive.

Zwischen 1830 und 1855 verließen etwa 11000 jüdische Auswanderer Bayern. Viele hatten einen erfolgreichen Neuanfang: Als Wanderhändler versorgten sie die verstreut siedelnden Farmer in den landwirtschaftlichen Regionen der USA. Etlichen bayerisch-jüdischen Familienunternehmern gelang so der Aufstieg ins Großhandels- und Bankgeschäft.

Biografie

Levi Strauss

1847: Die Mutter Rebekka wanderte nach dem Tod ihres Ehemanns Hirsch Strauss mit den drei jüngsten Kindern Maila, Vögela und Loeb nach New York City aus, wo sich bereits zwei ältere Söhne niedergelassen hatten. Loeb änderte seinen Namen in Levi und erlernte den Händlerberuf bei seinen Brüdern.

1853 wurde er amerikanischer Staatsbürger, dann zog er nach San Francisco/California und eröffnete dort mit seinem Bruder Louis (Lippmann) und seinem Schwager ein Kurzwaren- und Stoffhandelsgeschäft, spezialisiert auf die Bedürfnisse von Goldgräbern („Gold Rush“ ab 1848).

1872: Jacob Davis, Schneider und Kunde, entwickelte ein Verfahren, besonders beanspruchte Stellen an Arbeitshosen durch Kupfernieten zu verstärken, Strauss finanzierte die gemeinsame Patentanmeldung.

1873 erfolgreiche Patentierung der vernieteten Arbeitshosen mit Latz. Die sehr gefragten „Waist Overalls“ wurden fortan in zwei Fabriken in San Francisco hergestellt und mit der firmeninternen Sortimentsnummer „501“ versehen.

1890: Registrierung der Firma „Levi Strauss“ als Kapitalgesellschaft, Strauss übergab die Leitung seinen vier Neffen.

1902 starb er als Millionär; in seinem Testament bedachte er mehrere Stiftungen, Waisenhäuser und die University of California in Berkeley.

Info

Weitere Materialien zu Levi Strauss im Internet

Auswanderungsgesuch der Rebekka Strauss, Mutter von Levi Strauss, zur Auswanderung in die USA (1947) – Original mit Transkription:

https://www.hdbg.eu/koenigreich/index.php/objekte/xzoom/herrscher_id/2/id/924

Hinweis: Die Dauerausstellung im Haus der Bayerischen Geschichte in Regensburg zeigt neben Ausstellungsstücken zur Auswanderergeschichte weitere Themen aus der bayerisch-amerikanischen Geschichte seit dem 19. Jahrhundert.

Museum im Geburtshaus im oberfränkischen Buttenheim:
https://levi-strauss-museum.de

M 2 **Ein Kleidungsstück mit 150-jähriger Erfolgsstory: die „Levis 501"**

Das heutige Emblem auf dem Lederetikett gibt es in ähnlicher Form seit 1886, bis heute mit dem stolzen Verweis auf die Vorgeschichte: „Patented in U.S. – May 20th, 1873". Viele Kunden verlangten fortan nur noch nach der „Hose mit den zwei Pferden".

Training

Erklärung des Operators „Vergleichen"

Sie sollen Gemeinsamkeiten und Ähnlichkeiten von mindestens zwei Ereignissen, Vorgängen, Gegenständen oder z. B. Modellen finden, aber auch Unterschiede zwischen diesen entdecken. Abschließend müssen Sie Ihre Ergebnisse zusammenhängend und für andere nachvollziehbar formulieren. Das heißt, Sie müssen genau benennen, ob es Gemeinsamkeiten, Ähnlichkeiten und Unterschiede gibt und erläutern, worin sich diese zeigen bzw. woran Sie diese erkannt haben.

Formulierungshilfen

Beim Vergleich zwischen ... stelle ich fest, dass ...
Im Vergleich zu ... stelle ich bei ... fest, dass ...
Verglichen mit ... ist es bei ... so, dass ...
... gleichen/ähneln sich ..., weil ... Ähnlich wie ... ist auch ..., denn ... sind ähnlich/identisch, da ...
...haben gemeinsam, dass ...
Im Gegensatz/Im Unterschied zu ... ist es bei ... so, dass ...
unterscheiden sich darin, dass ...

Aufgaben

Levi Strauss: Gründer des Weltkonzerns aus San Francisco mit der „Hose mit den zwei Pferden"

a) Geben Sie den Lebensweg von Levi Strauss wieder. Berücksichtigen Sie dabei besonders seine Auswanderung in die USA.

b) Ordnen Sie seine Biografie in die umfassenden Migrationsbewegungen des 19. Jahrhunderts ein.

c) Diskutieren Sie, inwieweit sein Lebensweg typisch für einen Auswanderer ist.

d) Vergleichen Sie seinen Lebensweg mit dem von Emerenz Meier (vgl. Seite 82/83). Benennen Sie Gemeinsamkeiten und Unterschiede. Verwenden Sie für den Vergleich den Trainingskasten auf dieser Seite.
→ M1–M2, Infokästen, Internet

Emerenz Meier: „Des freien Waldes freies Kind“ in Chicago

M 1 **Emerenz Meier (1874–1928)**

Die Schriftstellerin wanderte 1906 nach Amerika aus. Foto, undatiert.

Biografie

Emerenz Meier

1874 geboren in Schiefweg bei Waldkirchen im Bayerischen Wald/Niederbayern; der Vater bewirtschaftete das Dorfwirtshaus.

1881–1888: Schulunterricht bei den Englischen Fräulein in Waldkirchen, ohne Förderung ihres Schreibtalents.

1893: Begegnung mit Auguste Unertl (1864–1941), die zur Freundin und Förderin wurde und verlegerische Kontakte herstellte. Erste erfolgreiche Veröffentlichungen von Kurzprosa und Gedichten in Zeitungen, Zeitschriften, Kalendern.

1903: Auswanderung des Vaters mit zwei Schwestern „ins Amerika“, nach Chicago/Illionois, als einziger Ausweg aus wirtschaftlichen Nöten.

1906: Nach zwei missglückten Versuchen als Wirtin in Passau und Schriftstellerin in München gemeinsame Auswanderung mit ihrer Mutter zur Familie nach Chicago. Emerenz verdiente in Chicago ihren Lebensunterhalt als Arbeiterin und heiratete 1907 Joseph Schmöller, ebenfalls aus dem Bayerischen Wald. 1908 Geburt des Sohnes Joseph Franz.

1912: Heirat mit John Lindgren, nach dem frühen Tod ihres ersten Manns, und 1919 Wiederaufnahme des Briefwechsels mit Auguste Unertl.

1928 starb Emerenz Meier verarmt in Chicago.

Info

Chicago

Viele bayerische Auswanderer ließen sich in US-amerikanischen Großstädten nieder: Cincinnati/Ohio war dabei die Stadt mit dem höchsten Anteil gebürtiger Bayern (1860 ca. 35 Prozent). Die zahlenmäßig größte bayerische Community wohnte aber in New York City (1860 ca. 31 Prozent); die Stadt hätte damals mit ihren über 60 000 „Bayern“ gut mit Nürnberg um den Rang als zweitgrößte bayerische Ansiedlung konkurrieren können. Ob Stadt oder Land: Zunächst wohnten die bayerischen US-Amerikaner landsmännisch in Nachbarschaften und deutschen Vierteln zusammen, mit eigenen Läden, Lokalen, Schulen, Musikkapellen und Vereinen.

Ab 1880 wurde insbesondere Chicago/Illinois, die rasant wachsende Metropole an den Großen Seen, zum Ziel etlicher bayerischer Einwanderer. Chicago galt damals als Stadt der Superlative: Hier gab es die größte Weizenbörse und die größten Schlachthöfe, die ersten Wolkenkratzer und eine hochkriminelle Unterwelt. Die Einwohnerzahl Chicagos stieg sprunghaft von einer halben Million im Jahr 1880 auf fast 1,1 Millionen 1890 und knapp 2,2 Millionen im Jahr 1910 an.

M 2 Texte von Emerenz Meier

a) Kennst du das Land, wo Grabsch und Humbug blüh'n:

Kennst du das Land, wo Grabsch[1] und Humbug[2] blüh'n,
Die Herzen einzig für den Dollar glüh'n,
Wo Geld vor adliger Gesinnung geht,
Die Schlauheit hoch, die Treue niedrig steht,
Kennst du das Land, dahin, dahin
Würd ich, hätt ich die Wahl, nie wieder zieh'n.

Kennst du die Stadt, mit ihrem großen Dreck,
Ein Wirtshaus steht an jeder Straßeneck
Und in Fabriken schwitzt die Menschenbrut,
Es saugt das Kapital ihr rotes Blut,
Kennst du die Stadt, dahin, dahin,
Laß niemals mich, o ew'ger Vater, zieh'n.

Du Stadt am Michigan, voll Weh und Ach,
Wo manches hoffnungsvolle Herz zerbrach,
Die Sterne nachts am Himmel schau'n mich an,
Was hat man dir, du armes Kind getan?
Kennst du die Stadt, dahin, dahin,
Laß dich von keinen tausend Pferden zieh'n.

b) Weitere Texte, Zitate und ein Brief vom 13.12.1919 aus Chicago (Ausschnitt):

Unverbesserlich
Der Vater verbot mir das Dichten,
Das Mütterchen stimmte mit ein:
Ich soll nach dem Stande mich richten,
Die Bücher dem Backofen weih'n ...
Ich ging in die dunkelste Kammer,
Hielt über die Verse Gericht,
Verfasste dann in meinem Jammer
Verstohlen dies Klagegedicht.

Stoßseufzer
Hätte Goethe Suppen schmalzen,
Klöße salzen,
Schiller Pfannen waschen müssen,
Heine nähn, was er verrissen,
Stuben scheuern, Wanzen morden,
Ach die Herren,
Alle wären
Keine großen Dichter worden.

1 komische Figur, die einen Dieb darstellt
2 etwas, was sich bedeutsam gibt, aber nur Schwindel ist

Emerenz Meier: Gesammelte Werke in zwei Bänden. Bd. 2: Gedichte, Briefe, Vermischtes, Grafenau: Morsak-Verlag 2012 (2. Aufl.)

Info

Weitere Materialien zu Emerenz Meier im Internet

Postkarten von Emerenz Meier aus Chicago mit Bildmotiven der Stadt:
https://www.bavarikon.de/

Emerenz Meier auf dem bayerischen Literaturportal:
https://www.literaturportal-bayern.de/autorinnen-autoren?task=lpbauthor.default&pnd=118580043

Museen in Bayern:
https://www.museen-in-bayern.de/no_cache/das-museumsportal/museen/museen//born-in-schiefweg-auswanderermuseum-im-emerenz-meier-haus.html?L=0

Nachlass Emerenz Meier:
https://www.bavarikon.de/

Aufgaben

Emerenz Meier: „Des freien Waldes freies Kind" in Chicago

a) Geben Sie den Lebensweg von Emerenz Meier wieder. Berücksichtigen Sie dabei besonders ihre Auswanderung in die USA.
b) Ordnen Sie ihre Biografie in die umfassenden Migrationsbewegungen des 19. Jahrhunderts ein.
c) Diskutieren Sie, inwieweit ihr Lebensweg typisch für eine Auswanderin ist.
d) Vergleichen Sie ihren Lebensweg mit dem von Levi Strauss (vgl. Seite 80/81). Benennen Sie Gemeinsamkeiten und Unterschiede.
→ M1–M2, Infokästen, Internet

Gewaltmigration im Nationalsozialismus: jüdische Bevölkerung

Eine besondere Form der Migration ist die Gewaltmigration. Dabei haben die Migranten keine Entscheidungsfreiheit. Ein historisch einzigartiges Beispiel dafür ist die nationalsozialistische Verfolgungs- und Vernichtungspolitik. Jüdinnen und Juden wurden massenhaft quer durch Europa deportiert und über sechs Millionen von ihnen wurden systematisch ermordet. Ausgehend von einem Erfahrungsbericht soll diese Form der Gewaltmigration genauer untersucht werden.

M 1 Aus dem Tagebuch von Max Mannheimer

Max Mannheimer (1920–2016) wuchs im heutigen Tschechien auf. Mit der deutschen Besatzung des Gebiets 1938 begann die Verfolgung seiner Familie. Nur er und sein Bruder überlebten. In seinem „Späten Tagebuch" beschrieb er 1985 seine Erfahrungen:

Dezember 1938

Die jüdischen Männer sind aus dem Gefängnis entlassen worden. Sie hatten eine Erklärung zu unterschreiben, dass sie das deutsche „Reichsgebiet" innerhalb von acht Tagen verlassen und nie mehr betreten würden. Sie tun es. Mein Vater fährt von Neutitschein nach Ungarisch-Brod, dem Geburtsort meiner Mutter. Er liegt in Südmähren und ist durch Comenius bekannt. Der Gestapo müssen wir eine Liste des Umzugsguts zur Genehmigung vorlegen. Der Möbelwagen ist gepackt. Die Zollbeamten, die das Packen überwachen, verhalten sich korrekt. [...]

Januar 1943

Am 24. Januar 1943 ist es so weit. Die Vorladung des Sicherheitsdienstes, die wir in Händen halten, beendet die monatelange Spannung. Wir haben uns am 27. Januar morgens in einer Schule in der Nähe des Bahnhofs einzufinden. Sämtliche Dokumente sind mitzubringen, ein Verzeichnis der in der Wohnung hinterlassenen Gegenstände ist anzufertigen. [...] Am späten Nachmittag besteigen wir einen Personenzug, der uns nach Theresienstadt bringen soll. Zum ersten Mal werde ich nummeriert. Die Nummer, die ich um den Hals trage, lautet CP 510. [...]

Schleuse. Kaserne. Transitraum. Strohlager. Namen fallen. Zum Abtransport nach dem Osten. [...] Osten – Arbeitseinsatz, sagt man. Bis auf meinen Bruder Erich, der bereits 1942 verhaftet wurde, sind wir alle zusammen: meine Eltern, meine Frau, zwei Brüder, meine Schwester, die Schwägerin. [...]

Transportnummern werden verteilt und um den Hals gehängt. Meine Nummer ist jetzt CU 290. Tausend Frauen, Männer, Kinder. Schleppen sich. Nach Bauschowitz. Ein Personenzug wartet. Wir werden einzeln aufgerufen. Steigen ein. Zehn im Abteil. Etwas gedrängt. Kann doch nicht so schlimm sein: Personenzug.

Osten – Arbeitseinsatz. Einsatz? Warum nicht einfach Arbeit? Abfahrt. Es ist neun Uhr morgens. Wir sehen Trümmer, hören sächsisch. Entdecken Notizen an der Wand des Wagens. Abfahrt Theresienstadt 9.00 Uhr, dann Dresden, Bautzen, Görlitz, Breslau, Brieg, Oppeln, Hindenburg. Dann nichts. Tag und Nacht. Auf der Strecke entdecken wir Juden. In Zivilkleidung. Mit Stern. Mit Schaufeln. Werfen Brot aus dem Fenster. Sie stürzen sich darauf. Stoßen sich. Arbeitseinsatz? Werden wir auch so aussehen? Handeln? Stoßen? Nochmals Tag. Und eine halbe Nacht. Der Zug hält kreischend an. Eintausend Männer, Frauen und Kinder. Die Begleitmannschaft umstellt den Zug. Wir haben im Zug zu bleiben. Nicht mehr lange. Eine Kolonne LKWs kommt. Starke Scheinwerfer erhellen plötzlich die Rampe. SS-Offiziere und Wachtposten stehen da. Wir sind an der Todesrampe von Auschwitz-Birkenau. [...]

5. Oktober 1943

Zählappell. Alle nichtpolnischen Juden haben nach dem Appell stehenzubleiben. Der SS-Obersturmführer von der Todesrampe in Birkenau kommt. Der Häftlingsblockschreiber steht mit dem Karteikasten neben ihm. Transport, flüstern alle. [...] Mein Bruder ist an der Reihe: 99727. Dann ich: 99728. Wir sind ungefähr in der Mitte der Gruppe. Der Blockschreiber gibt mir ein Zeichen. Er ist unser Freund. Ein Berliner. Das Zeichen bedeutet: Warten. „Nur dein Bruder geht mit", sagt er. Ich befürchtete es. Die noch nicht verheilte Wunde an der Brust. Der Abszess. Es muss etwas geschehen. Ich darf nicht allein in Auschwitz bleiben. Mein einziger Bruder. Weg von Auschwitz. Weg von den Brausen ohne Wasser.

Die Mütze in der Hand, Hände an der Hosennaht, trete ich vor den Herrn über links oder rechts, ja oder nein, Leben oder Tod. „Herr Obersturmführer, Häftling 99728 bittet um eine Unterredung!" Dieser Satz kam wie aus der Pistole. Alles oder nichts. Weg von Auschwitz. Von den Gaskammern. Krematorium. Nur weg. Meinen leicht österreichischen Akzent versuche ich durch den zackigen Lagerton zu ersetzen. „Was wollen Sie?" Das „Sie" überrascht mich. Ein kleiner Hoffnungsschimmer. „Herr Obersturmführer, Häftling 99728 bittet auf Transport gehen zu dürfen. Bin vollkommen arbeitsfähig." „Sie haben doch eine Wunde an der Brust!" Verblüffend dieses Gedächtnis. Ich war ja inzwischen angezogen. Ein Häftling sieht wie der andere aus. „Öffnen Sie Ihr Hemd, wollen mal sehen. Schreiber! Transport!" „Danke, Herr Obersturmführer!"

Einen Tag später. Die Verpflegung muss zwei Tage reichen. Brot. Wurst. Margarine. Neue Kleider. Frische Wäsche. Statt Lederschuhen gibt es Holzpantinen. [...] Wir marschieren zu den bereitgestellten Waggons. Es sind Güterwagen. Links und rechts je fünfunddreißig Häftlinge. Die Mitte bleibt frei. Für die SS-Posten. Wir wissen nicht, wohin es geht. Die Posten wollen uns nichts sagen. Es geht zur Arbeit, sagen sie nur. [...]

Am jüdischen Versöhnungstag [= Jom Kippur: der höchste jüdische Feiertag] kommen wir in Warschau an. Im Warschauer Ghetto. Genauer: in den Trümmern des Warschauer Ghettos. [...]

August 1944

[...] Eines Tages erhalten wir Marschverpflegung. Diesmal warten keine Güterwagen. Es wird ein Fußmarsch. In Holzpantinen. Richtung Westen. Eine lange Kolonne von abgemagerten Häftlingen schleppt sich an der Hauptstraße entlang. SS-Bewacher, teilweise mit Hunden, treiben uns an. Wer zurückbleibt, wird erschossen. [...]

Wir marschieren zum Bahnhof in Kutno. Neunzig Häftlinge müssen in einem Güterwagen Platz finden. Fünfundvierzig Häftlinge auf die eine – fünfundvierzig auf die andere Seite. Die Mitte muss für die zwei SS-Bewacher frei bleiben. Wir hocken am Boden. Dicht aneinander. Der Gestank von Urin und Kot ist unerträglich. [...] So geht es drei Tage und zwei Nächte. Mit Aufenthalten in unbekannten Stationen. Kübel leeren. Jagd nach Wasser. Wir kommen in Dachau an. Wir atmen auf. [...]

Im Januar 1945 wird ein Kommando nach dem Außenlager Mühldorf verlegt. Mein Bruder gehört dem Kommando an. [...] Vierzehn Tage später wird ein Transport zusammengestellt. Meist sehr abgemagerte Häftlinge. Vorsichtig erkundige ich mich. Es soll nach Mühldorf gehen. Zur Arbeit. Ich melde mich. Die Sehnsucht nach meinem Bruder ist stärker als die Angst. Wir bekommen Verpflegung. Besteigen einen Güterzug. Die Fahrt dauert nur wenige Stunden. Ein kleines Lager. Holzbaracken. Wir werden auf die Blocks verteilt. Ich finde meinen Bruder noch am gleichen Abend. Ich habe es geahnt, dass wir uns wiederfinden. Das Kommando, dem ich zugeteilt werde, baut eine unterirdische Flugzeugfabrik. [...] Am 28. April 1945 kommt der Befehl zur Räumung des Lagers Mühldorf. Güterwagen stehen auf dem Gleis für uns bereit. Ich bin sehr abgemagert und muss direkt aus der Krankenbaracke in den Wagen geführt werden. Fünf Wochen Typhus haben mich sehr geschwächt. Auf meinen Bruder gestützt, erreiche ich den Wagen. [...] Es ist der 30. April 1945. Wir bleiben auf offener Strecke stehen. Von Weitem sehen wir eine lange motorisierte Kolonne. Unsere Bewacher sind verschwunden. Wir öffnen die Waggons. Das Tor zur Freiheit. Einige Hundert Meter von uns fährt eine amerikanische Militärkolonne. Wir sind frei.

Max Mannheimer, Spätes Tagebuch. Theresienstadt – Auschwitz – Warschau – Dachau, München: Piper 2009, S. 30, 45f., 49f., 89–91, 104–106, 114f.

Aufgaben

Gewaltmigration im Nationalsozialismus: jüdische Bevölkerung – Lernaufgabe

Setzen Sie sich anhand der Materialien mit der Gewaltmigration im Nationalsozialismus auseinander. Fassen Sie Ihre Ergebnisse in einer geeigneten Darstellung, z.B. einem Lernplakat, zusammen. Berücksichtigen Sie dabei die folgenden Aufgabenstellungen:

a) Erschließen Sie aus dem Bericht von Max Mannheimer (M1) wichtige Stationen seines Leidenswegs. Bestimmen Sie wesentliche Formen und Merkmale.

b) Erarbeiten Sie aus dem Infotext M2 wichtige Veränderungen der Gewaltmigration von Jüdinnen und Juden seit 1933. Verwenden Sie dafür auch die auf Seite 86 aufgelisteten GDB. Beziehen Sie die Erfahrungen von Max Mannheimer sowie die Bildquellen in diesem Teilkapitel mit ein.

c) Erschließen Sie aus den Karten M6–M8 wichtige Migrationsbewegungen von Jüdinnen und Juden. Begründen sie, warum die Karten M6 und M7 das Jahr 1938 als Einschnitt wählen. Beziehen Sie auch hier die Erfahrungen von Max Mannheimer (M1) mit ein.

d) Fassen Sie die Informationen über die Transporte nach Auschwitz im Text von Sybille Steinbacher (M9) und im Text von Elisabeth Rubin (M11) zusammen.

↝ M1–M11, GDB auf Seite 86

Gewaltmigration im Nationalsozialismus: jüdische Bevölkerung

Antisemitismus	30. Januar 1933: Hitler Reichkanzler	Holocaust bzw. Shoa
„Nürnberger Gesetze"	1939 – 1945: Zweiter Weltkrieg	Konzentrations- und Vernichtungslager
Menschenrechte	Nationalsozialismus	9. November 1938: Novemberpogrome

M 2 Gewaltmigration im Nationalsozialismus: jüdische Bevölkerung – Infotext

a) Zur Vertreibungspolitik der Nationalsozialisten:

Die zwölf Jahre der nationalsozialistischen Diktatur hatten die mit Abstand größten Flucht- und Vertreibungswellen des 20. Jahrhunderts zur Folge. Die Zwangswanderungen resultierten vor allem aus dem brutalen Eroberungskrieg und schließlich aus dem Untergang des „Dritten Reiches".
Die nationalsozialistische Vertreibungspolitik betraf zunächst die weltanschaulichen Gegner des Regimes sowie diejenigen, die das Regime zu „Volksfeinden" erklärte. Zur letzteren Gruppe gehörten insbesondere jene Menschen, die aufgrund der rassistischen Staatsdoktrin geächtet wurden, allen voran Jüdinnen und Juden.
Emigration, Flucht und Vertreibung verliefen sukzessive in mehreren Phasen mit zunehmender Radikalisierung. Zunächst mussten die politischen Gegner der Nationalsozialisten aus Deutschland fliehen, woraufhin ihnen oft die deutsche Staatsangehörigkeit abgesprochen wurde. Neben aktiven politischen Gegnern des Regimes zählten auch zahlreiche Wissenschaftlerinnen und Wissenschaftler sowie Schriftstellerinnen und Schriftsteller zu dieser Gruppe. Diejenigen, die in Deutschland blieben, wurden verfolgt, verhaftet, in Konzentrationslager verschleppt, gefoltert und ermordet.
Weiterhin wurden Sinti und Roma, Zeugen Jehovas, Menschen mit Behinderung, Homosexuelle und vor allem Jüdinnen und Juden systematisch verfolgt. Die Nationalsozialisten begründeten ihre Judenfeindschaft mit der Behauptung einer „jüdischen Weltverschwörung", welche für alle Probleme, insbesondere aber die Probleme der „deutschen Volksgemeinschaft", verantwortlich wäre. Dabei definierten sie jüdische Menschen nicht über deren religiöses Bekenntnis, sondern pseudo-wissenschaftlich als „Rasse". Die Nationalsozialisten beriefen sich in ihrem Rassismus u.a. auf die damals weit verbreitete Idee des Sozialdarwinismus, der Beobachtungen aus der Natur („der Stärkere setzt sich durch") auf die menschliche Gesellschaft zu übertragen versuchte: Vermeintlich hochstehenden Völkern käme nach diesem Gedankenkonstrukt das Recht zu, Menschen und Völker, die in ihren Augen „minderwertig" waren, zu versklaven bzw. zu vernichten.

b) Die Auswanderung der deutschen Jüdinnen und Juden nach 1933:

Im Laufe der nationalsozialistischen Diktatur wurden die Maßnahmen schrittweise verschärft: vom Boykott jüdischer Geschäfte (1933) über juristische sowie berufliche Diskrimi-

M 3 Antisemitismus im Alltag

In vielen Ortschaften war die Ausgrenzung von Juden offensichtlich, Foto, 1933.

nierungen (1934/35) und die Ausplünderung jüdischer Vermögen bis hin zur öffentlichen Gewaltanwendung im Verlauf der Novemberpogrome 1938, also der systematischen Gewalt gegen die jüdische Bevölkerung am 9.11.1938 und in den Folgetagen. Zwischen dem 10. November und 22. Dezember 1938 ließen die NS-Machthaber außerdem etwa 30 000 Juden deutscher Nationalität verhaften und in die Konzentrationslager Dachau, Buchenwald und Sachsenhausen abtransportieren. Die Entlassung dieser Menschen wurde von der Vorlage gültiger Auswanderungspapiere und der Bereitschaft zur „Arisierung" ihrer Betriebe und Vermögenswerte abhängig gemacht.

Die genaue Zahl der Flüchtlinge und Vertriebenen nach 1933 lässt sich nicht mehr ermitteln. Gesichert ist aber, dass die Jüdinnen und Juden die bei weitem größte Gruppe bildeten. Zwischen 1933 und 1939 verließen ca. 300 000 Jüdinnen und Juden Deutschland. Etwa 150 000 flohen nach der im März 1938 erzwungenen Eingliederung des Bundesstaates Österreich („Anschluss") an das Deutsche Reich aus Österreich. Weitere 35 000 flohen aus der Tschechoslowakei, nachdem im September 1938 mit dem Münchener Abkommen (zwischen Deutschland, dem Vereinigten Königreich, Frankreich und Italien, aber ohne die Teilnahme der Tschechoslowakei), die Abtretung des Sudentenlandes an Deutschland vereinbart wurde. Da diese Menschen auf einen baldigen Zusammenbruch der NS-Diktatur hofften, flüchteten viele zunächst in die europäischen Nachbarländer. Etwa die Hälfte der jüdischen Flüchtlinge wanderte jedoch weiter, zunehmend nach Nord- und Südamerika.

Mit dem Beginn des Zweiten Weltkrieges wurden die Möglichkeiten zur Emigration drastisch reduziert. Nach dem Auswanderungsverbot von 1941 folgte auf die NS-Vertreibungspolitik schließlich der Völkermord an den europäischen Jüdinnen und Juden.

c) Holocaust:

Im Oktober 1941 begannen die gewaltsam durchgeführten Massendeportationen von Jüdinnen und Juden, von denen noch etwa 164 000 in Deutschland (in den Grenzen von 1937) lebten, verglichen mit etwa 500 000 im Jahr 1933. Nachdem man die Verbliebenen ihres restlichen persönlichen Eigentums beraubt hatte, wurden sie in Ghettos im Osten, wie z. B. in Warschau, Riga und Minsk deportiert. Seit Mitte 1942 wurden die Überlebenden zunehmend nach Auschwitz und in andere Vernichtungslager verschleppt. Auch Jüdinnen und Juden aus den besetzten Gebieten und aus mit Deutschland verbündeten Staaten wurden dorthin deportiert. So stammten fast 95 % der etwa sechs Millionen ermordeten Jüdinnen und Juden aus Osteuropa.

M 4 SA-Männer kennzeichnen das Bekleidungsgeschäft eines jüdischen Händlers

Foto, 01.04.1933

M 5 Brennende Synagoge

Auch im unterfränkischen Kitzingen wurde in der Nacht vom 9. auf den 10. November die Synagoge angezündet. Am nächsten Tag versammelten sich zahlreiche Schaulustige, Foto 10.11.1938.

Gewaltmigration im Nationalsozialismus: jüdische Bevölkerung

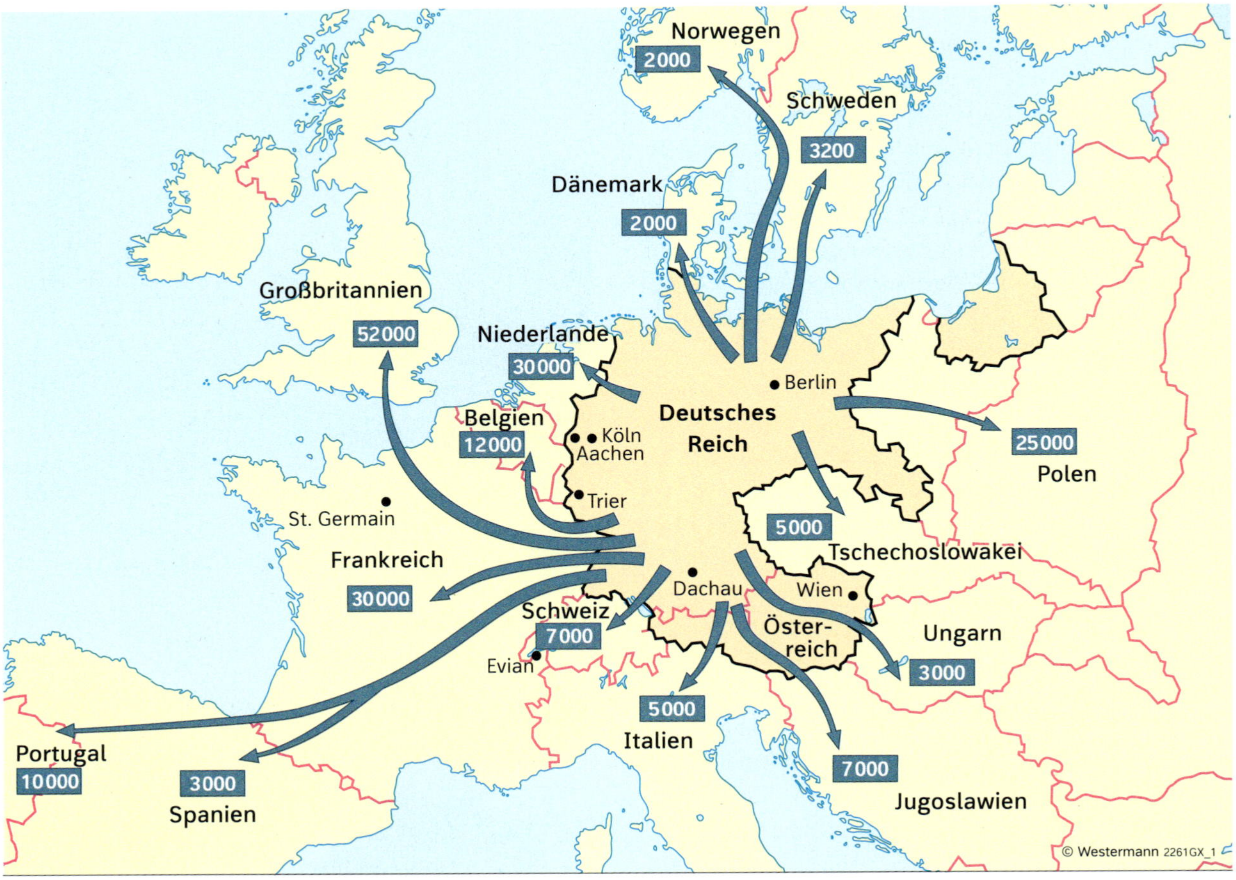

Norwegen
2000
Schweden
3200
Dänemark
2000
Großbritannien
52000
Niederlande
30000
Belgien
12000
Köln
Aachen
Trier
Berlin
Deutsches Reich
25000
Polen
St. Germain
Frankreich
30000
5000
Tschechoslowakei
Dachau
Wien
Schweiz
7000
Evian
Österreich
Ungarn
3000
5000
Italien
7000
Jugoslawien
Portugal
10000
3000
Spanien
© Westermann 2261GX_1

M 6 Jüdische Flüchtlinge finden Asyl in Europa 1933–1938

Kanada
6000
Vereinigte Staaten
102222
Kuba
3000
Mexiko
einige Tausende
Domini-kanische Republik
472
Venezuela
600
Brasilien
8000
Bolivien
7000
Uruguay
2200
Argentinien
63500
Japan
mehrere Hundert
Shanghai
20000 bis 1940
Philippinen
700
Palästina
33399
Südafrika
26100
Australien
8600
2262GX_1
© Westermann

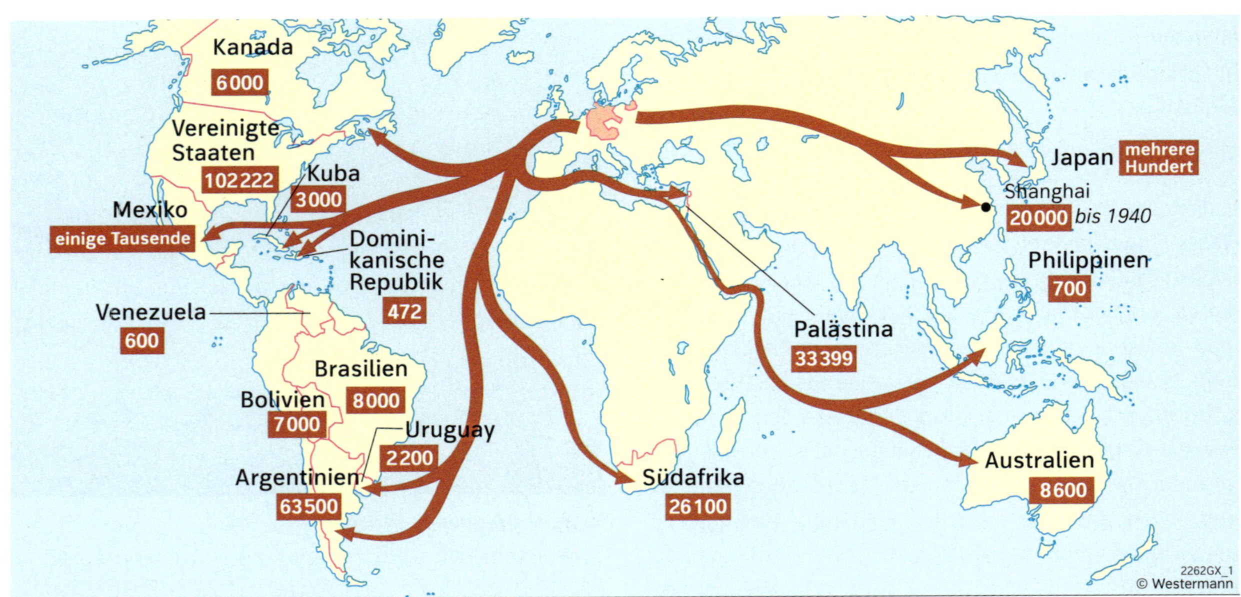

M 7 Weltweite Aufnahme von jüdischen Flüchtlingen aus Deutschland 1933–1938

Deportation nach Auschwitz

M 8 **Konzentrations- und Vernichtungslager im Deutschen Reich und in den besetzten Gebieten 1933–1943**

M 9 Die Ermordung der Juden

Die Historikerin Sybille Steinbacher schreibt in ihrem Buch „Auschwitz. Geschichte und Nachgeschichte" (2004):

Ende März 1942 trafen die ersten vom Reichssicherheitshauptamt organisierten Massentransporte in Auschwitz-Birkenau ein: In der Nacht vom 25. auf den 26. März kamen 1000, zwei Tage später rund 800 Jüdinnen aus der Slowakei an, am 30. März folgten mehr als 1100 jüdische Männer und Frauen verschiedener Staatsangehörigkeit aus französischen Internierungslagern. Die Juden, deren Arbeitseinsatzfähigkeit vom Reichssicherheitshauptamt ausdrücklich verlangt worden war, wurden nicht sofort ermordet, sondern registriert und in das Lager aufgenommen. Systematische Vernichtungsaktionen setzten im Mai 1942 ein – Opfer waren Juden aus Ostoberschlesien, der Slowakei, Frankreich, Belgien und den Niederlanden – und wurden ab Juli 1942 zur Regel.

Dass Massentransporte aus Westeuropa ab Sommer 1942 nach Auschwitz-Birkenau geleitet wurden, hatte vermutlich pragmatische Gründe, denn nach der Frühjahrsoffensive der Wehrmacht behinderte eine Transportsperre den Weg nach Majdanek und in die Lager der „Aktion Reinhardt" [NS-Bezeichnung für die millionenfache Ermordung der Jüdinnen und Juden sowie der Romnja und Roma des Generalgouvernements im Zweiten Weltkrieg]. Auschwitz-Birkenau diente allem Anschein nach als Ausweichstätte. Die Mordtechnik wurde nun ausgeweitet und die Tötungskapazität vergrößert. [...]

In Auschwitz stieg die Zahl der Massentransporte von Juden aus ganz Europa von Monat zu Monat. Hatten Juden bis zum Beginn der Vernichtungsaktionen nur einen kleinen Teil der Häftlinge gebildet, stellten sie fortan die größte Gruppe. Ankommende Transporte wurden nun nicht mehr registriert und nummeriert, sondern unmittelbar nach der Selektion ermordet. Auf die Transporte aus Westeuropa folgten Juden aus Ländern, mit denen Deutschland verbündet war und deren Regierungen in die Deportation eingewilligt hatten: Kroatien, Norwegen, später Italien und Ungarn. Weitere Länder und Regionen kamen hinzu, darunter zur Jahreswende 1942/43 Jugoslawien, Griechenland und der südliche Teil Frankreichs.

Deutsche Juden trafen in einem vom Reichssicherheitshauptamt organisierten Transport erstmals Mitte Juli 1942 aus Wien ein. Im November und Dezember 1942 folgten aus

Gewaltmigration im Nationalsozialismus: jüdische Bevölkerung

Berlin die ersten Massentransporte des Altreichs. Nachdem im Oktober 1942 der Befehl ergangen war, die im Altreich gelegenen Konzentrationslager „judenrein" zu machen, wurden die knapp 2000 dort inhaftierten Juden nach Auschwitz-Birkenau gebracht. Wegen drastischen Arbeitskräftemangels revidierte das Regime diese Maßnahme im März 1944; jüdische Häftlinge kamen dann zurück in die Lager, um für die Rüstungsindustrie zu arbeiten, vor allem im Untertagebau (insbesondere in Mittelbau-Dora, das zu Buchenwald gehörte, und Kaufering, ein Außenlager-Komplex von Dachau).

Ein Durchgangslager in die Massenvernichtung von Auschwitz-Birkenau war das Ghetto Theresienstadt. Inhaftiert wurden hier alte Juden aus dem Reichsinneren, auch jüdische Soldaten des Ersten Weltkriegs mit ihren Familien, ferner „Mischlinge", die nach den Nürnberger Gesetzen als

M 10 Ankunft von ungarischen Jüdinnen und Juden an der sogenannten Rampe von Auschwitz-Birkenau

Foto, Juni 1944

Juden galten, sowie jüdische Ehegatten aufgelöster sogenannter Mischehen und Juden aus dem Protektorat Böhmen und Mähren. Die Deportationen aus Theresienstadt begannen am 8. September 1943. Knapp 18 000 Männer und Frauen wurden in das sogenannte Familienlager gebracht, den gesonderten Lagerabschnitt BIIb in Birkenau. Ungewöhnlich war – zumindest vorläufig – ihre Behandlung: Die Theresienstädter Juden wurden weder nach Geschlechtern getrennt noch selektiert, auch ihr Gepäck mussten sie nicht abgeben, ihre Zivilkleidung durften sie behalten, und die Kinder konnten bei den Erwachsenen bleiben. Sie erhielten allerlei Vergünstigungen, und nur einige wurden in Arbeitskommandos eingeteilt. Es gab eine Schule und einen Kindergarten, untergebracht in einer Baracke, die mit Märchenszenen ausgemalt werden durfte.

Ähnlich wie das Ghetto Theresienstadt diente das „Familienlager“ in Birkenau den Propagandazwecken des Regimes. Ziel war es, weltweit kursierende Nachrichten über die Ermordung der Juden zu entkräften. Etwa ein halbes Jahr lang währten die Privilegien der Juden aus Theresienstadt, dann löste die SS das „Familienlager“ in zwei Etappen auf; fast alle Insassen wurden im März und Juli 1944 ermordet, etwa 3000 in andere Lager überstellt.

Im Sommer 1944 erreichte die Massenvernichtung einen letzten Höhepunkt. Bis zu 10 000 ungarische Juden traten täglich an der neu errichteten „Judenrampe“ zur Selektion an. Zwischen 15. Mai und 9. Juli trafen etwa 430 000 Menschen ein, etwa 20 Prozent wurden in das Lager aufgenommen, alle anderen sofort getötet. Ihre Ermordung war eine der größten Vernichtungsaktionen überhaupt. Ungarn hatte die Deportationen trotz massiven deutschen Drucks lange verweigert. Nachdem das Land aber militärisch besetzt und eine Satrapenregierung [hier: von der NS-Diktatur abhängige Regierung] gebildet worden war, begannen die Vernichtungstransporte auch dort – geleitet von Adolf Eichmann, dem Organisator der Judentransporte im Reichssicherheitshauptamt. Hochrangig besetzt war die Koordination des Massenmords auch im Lager selbst: Rudolf Höß kam für diese Sonderaufgabe nach Auschwitz zurück. Innerhalb weniger Wochen hatte Höß seine Mission erfüllt; ausgezeichnet mit dem Kriegsverdienstkreuz erster und zweiter Klasse verließ er das Lager am 29. Juli 1944 wieder in Richtung Berlin.

Die schwierige Transportlage hinderte das Reichssicherheitshauptamt nicht, noch im Sommer 1944 Juden von Rhodos, Korfu, Kreta und anderen griechischen Inseln nach Auschwitz-Birkenau zu deportieren. 60 000 bis 70 000 Juden aus Lodz, dem letzten aufgelösten Ghetto im besetzten Polen, kamen im September und Oktober 1944 ins Lager, außerdem Juden aus der Slowakei. Ein Zug mit rund 2000 Juden aus Theresienstadt war am 30. Oktober 1944 der letzte jüdische Massentransport, vermutlich auch der letzte, der selektiert wurde.

Sybille Steinbacher, Auschwitz. Geschichte und Nachgeschichte, München: C.H. Beck 2015, S. 84 ff.

M 11 Erinnerung an Auschwitz

Wenige Monate nach ihrer Befreiung schildert die ungarische Jüdin Elisabeth Rubin im August 1945 ihren Transport nach und ihre Zeit in Auschwitz-Birkenau:

Dann hiess es: „Verfaulte Juden gebt eure Juwelen heraus, ihr habt sie lange genug gehabt!“ Männer und Frauen mussten sich entkleiden und wurden untersucht. Dann wagonierten wir [hier: das Einsperren in einen Eisenbahn-Waggon], zu 50 in einem Wagon, wir vom Krankenhaus, die Übrigen zu 80. Beim Einsteigen wurde dann so recht geschlagen. Auch meine Mutter traf es; als ich zu Hilfe eilen wollte, liess man mich nicht aus dem Wagen heraus – ich war nämlich schon oben. Unterwegs starb eine junge Mutter mit ihrem vierjährigen Kinde, in einem Nachbarwagon fand eine Geburt statt, das Kind kam in Birkenau lebend an. Ebenso der Patriarch des Dorfes, ein 100jähriger Schächter, den seine auf ihn stolze Tochter auch in Birkenau nicht verliess und mit ihm auf eine Seite ging. – In Birkenau arbeitete ich nicht viel; wir mussten Steine tragen. Wir waren im C-Lager im 31-er Block, neben dem Tschechenlager. Dort waren viele Leichen zu sehen. Im C-Lager wurden nur ausgesprochen stramme, junge Frauen und Mädchen am Leben gelassen. Wir gingen in zerrissenen Kleidern. Viele arme Häftlinge fragten in einem fort: „Wann werde ich meinen Mann sehen, wann meine Eltern, wann meine Brüder?“ Erst später erfuhr ich es überzeugend, dass die polnischen Blockältesten die Wahrheit gesagt hatten: Menschen wurden vergast und ins Krematorium geschickt. Auch meine Mutter war in den Ofen gegangen. Was der eigenen Geruch betraf, der in der Luft lag, so sagte man, er sei von dem verbrannten Frauenhaar, das man uns abgeschnitten hatte. Wir sahen mit eigenen Augen, wie 14-Jährige Jungen in den Ofen gingen, sie mussten noch singen. Des Nachts hörten wir weinen und Jammer, die SS schoss.

In Budapest protokollierte Erinnerung Elisabeth Rubins vom 9. August 1945, Yad Vashem Archives Jerusalem, 0.15/959, Rechtschreibung beibehalten.

Gewaltmigration im Nationalsozialismus: Zwangsarbeiter und Zwangsarbeiterinnen

Lange wurde diese Seite des Nationalsozialismus in der Öffentlichkeit nicht oder nur am Rande wahrgenommen: Während des Zweiten Weltkriegs wurden Millionen Menschen nach Deutschland gebracht und zur Arbeit gezwungen. Da die meisten Zwangsarbeiterlager nicht erhalten geblieben sind, gibt es kaum Erinnerungsorte. Eine Ausnahme ist das heutige Ensemble in der Ehrenbürgstraße im Westen Münchens.

M 1 „Barackenlager Neuaubing“

In Neuaubing leisteten Zwangsarbeiterinnen und Zwangsarbeiter „kriegswichtige“ Arbeit im nahe gelegenen Werk der Reichsbahn (RAW). Die Reichsbahn beschäftigte im Zweiten Weltkrieg besonders viele Zwangsarbeiterinnen und Zwangsarbeiter.

Nach Kriegsende stellte die Deutsche Bahn das Lagergelände für Flüchtlinge zur Verfügung, später wohnten dort Lehrlinge und Mitarbeiter.

Seit den Siebzigerjahren wird die Anlage gewerblich genutzt, heute überwiegend von Künstlern und Handwerkern. Die Struktur des Lagers blieb weitgehend bewahrt.

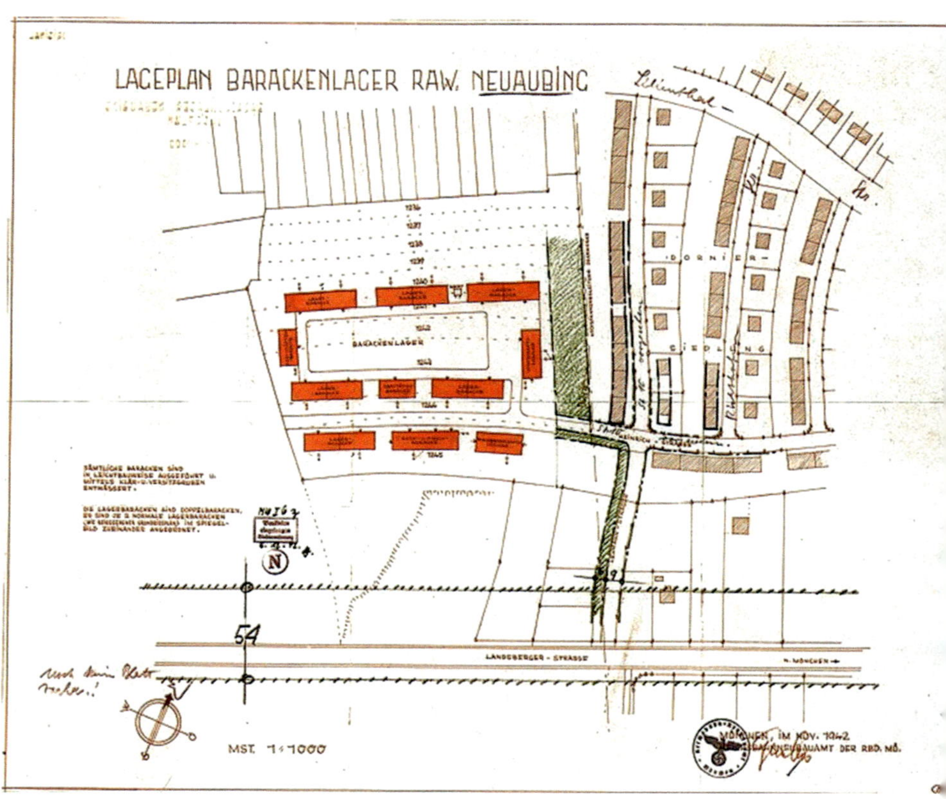

M 2 **https://www.nsdoku.de/erinnerungsort-neuaubing/das-lager-in-neuaubing [letzter Zugriff: 19.04.2023].**

M 3 Jan Bazuin: Tagebuch

Jan Bazuin (1925–2001) wurde aus Rotterdam nach München gebracht, um an verschiedenen Stellen Zwangsarbeit zu leisten. Dabei wurde er für verschiedene Tätigkeiten eingesetzt: als Müllmann, als Bauarbeiter und vor allem als Küchenhilfe. Dies hatte den Vorteil, dass er wenig Hunger leiden musste. Sein Tagebuch wurde erst kürzlich entdeckt und 2022 veröffentlicht:

Montag, 8. Januar 1945

In einem Wort, ein ganz übler Tag. [...] Bin bei der Arbeitsvermittlung gewesen und muss morgen früh um 9 Uhr am Stadion Feijennoord sein. Ziel der Reise ... höchstwahrscheinlich Deutschland. Sie machen ganz schön Dampf. Der Abschied von [seiner Freundin] Annie ist mir wahnsinnig schwer gefallen. Aber darüber muss ich hinwegkommen. Ach, vergiss es, hab zu nichts mehr Lust.

Dienstag, 9. Januar 1945

[...] 12 Uhr abends. Im Augenblick sitzen wir mit 50 Mann in einem Güterwagen. Der Zug fährt in Richtung Norden. In dem Raum unter dem Stadion ging es hoch her. Flüche und

Schimpfwörter, die es in sich hatten. Vor allem, als es dunkel wurde und nicht wenige der Männer einen gewissen Drang verspürten. Licht gab es keins, es war also stockdunkel. Um das Ganze etwas aufzuheitern, haben wir angefangen zu singen. Klang nicht schlecht, aus ungefähr 500 heiseren Kehlen. Um 9 Uhr antreten. Um 17 Uhr bereit machen zur Abfahrt. Zuerst bekamen wir ein halbes Brot und ein Stückchen Wurst. Dann zum Zug. Der Zug, mit dem wir fahren sollten, besteht aus 40 Vieh- und Güterwaggons, ich lande in einem Viehwaggon. Es gibt hier nichts, keine Sitze, kein Heu oder Stroh, nichts. Endlich, Viertel vor zwölf, fährt der Zug an. [...]

Donnerstag, 11. Januar 1945

Was für eine Nacht war das. Eine, die man nie vergisst. Kälte und Wind, Krankheiten und Gefluche, nein, das ist wirklich das Allerletzte. Genau gezählt sitzen 53 Mann in unserem Waggon. In der letzten Nacht hatte einer von ihnen einen Nervenzusammenbruch. Drei liefen regelmäßig zur Tür wegen Dysenterie [Durchfallerkrankung]. Zwei Jungen von gerade mal 16 Jahren haben die ganze Nacht geweint. Die anderen Männer und Jungs, ich eingeschlossen, haben die Nacht damit verbracht, mit den kalten Füßen zu trampeln, zu fluchen, zu schimpfen, an der Kette zu hängen und über die Beine eines anderen zu fallen, wenn man selbst auch mal „zur Tür" musste. Aber alles hat einmal ein Ende. So wurde es auch wieder hell. Mit klammen Händen habe ich mein letztes Stück Brot verputzt. 12 Uhr. [...] Es wird Zeit, dass wir was zu essen bekommen. Wir sollen nach München, sagt der Lokführer.

Freitag, 12. Januar 1945

[...] Punkt 6 Uhr fahren wir in den Hauptbahnhof ein. Dort werden wir mit einem Fliegeralarm empfangen [...] 7 Uhr. Wir stehen immer noch auf dem Bahnhof. [...] 8 Uhr. Noch immer in München. 9 Uhr. Endlich geht es weiter. Angeblich müssen wir 25 km weiter raus. Was für eine Verbrecherbande. Immer noch Hunger und Kälte. Ein Elend, wie ich es noch nie erlebt habe.

[Nach verschiedenen Stationen kommt Jan Bazuin am 25. Januar nach Neuaubing.]

Montag, 29. Januar 1945

[...] Heute Morgen mussten wir wieder Schneeräumen. Krank oder nicht krank, mitkommen und arbeiten! Um halb zehn waren wir in der Nähe der Küche. Fühlte mich noch hundeelend. Was war bloß los mit mir? Als wir bei der Küche waren, habe ich versucht, mir da eine Stelle zu angeln. Und siehe da, vorläufig zur Probe arbeiten. Dazu ein Paar solide Holzschuhe, die ich bezahlen muss (8 RM). Das kann ich tun, wenn ich mein erstes Geld gekriegt habe. [...] Morgen sitze ich 3 Wochen in diesem „Mordland". Das sind mir schon 4 Wochen zu viel.

Dienstag, 30. Januar 1945

Ich werde es kurz machen, denn ich falle um vor Müdigkeit.

Aufgaben

Zwangsarbeiter und Zwangsarbeiterinnen im Nationalsozialismus – Lernaufgabe

Verfassen Sie einen Essay zum Thema „Wie soll an die Zwangsarbeit im Nationalsozialismus erinnert werden?" Setzen Sie sich dafür anhand der nachfolgenden Aufgaben mit den Materialien in diesem Teilkapitel auseinander und formulieren Sie möglichst prägnant Ihre Position.

a) Arbeiten Sie den Zweck und die Organisation des Zwangsarbeitslagers München-Neuaubing heraus. Recherchieren Sie dafür auch auf der in M2 angegebenen Internetseite.

b) Erarbeiten Sie aus den Erfahrungen von Jan Bazuin (M3) zentrale Merkmale von Zwangsarbeit.

c) Definieren Sie ausgehend von den Erfahrungen von Jan Bazuin sowie von M4 den Begriff „Zwangsarbeit" und erläutern Sie den Zusammenhang von Zwangsarbeit und Zwangsmigration. Ziehen Sie auch den Infotext M5 sowie die Bilder M6–M8 heran.

d) Zum Thema Zwangsarbeit liegen auch Interviews mit Zeitzeuginnen und Zeitzeugen vor. So hat das Haus der Bayerischen Geschichte solche Erinnerungen gesammelt: https://www.hdbg.eu/zeitzeugen/themen/zwangsarbeit/68
Beachten Sie bei der Auswertung insbesondere die jeweils vorliegende Form der Zwangsmigration und Zwangsarbeit, den spezifischen historischen Hintergrund und die besonderen Erfahrungen der Betroffenen. Untersuchen Sie auch, welchen Erkenntnisgewinn solche Interviews bieten.

e) Erörtern Sie, inwieweit das Schicksal von Jan Bazuin typisch für Zwangsarbeiterinnen und Zwangsarbeiter war.

f) Vergleichen Sie die verschiedenen Formen der Erinnerung und beurteilen Sie diese.

→ M1–M8, Internet

Gewaltmigration im Nationalsozialismus: Zwangsarbeiter und -arbeiterinnen

Um 6 Uhr in der Küche. Zuerst gegessen. Bis 10 Uhr Suppe kochen und dann Kartoffelpuffer braten. Zu zweit, der Chefkoch und ich, haben wir 7500 Reibekuchen gebacken, in 4 großen Pfannen. 520 pro Stunde. [...] Um 7 Uhr abends war ich fertig. Geh jetzt ins Bett, kann einfach nicht mehr stehen.

Dienstag, 6. Februar 1945

[...] Gestern früh hat sich ein Holländer [...] vor den Zug geworfen. Heimweh. Es war einer aus meinem Lager. Ich kann nachempfinden, dass jemand so etwas macht, aber jetzt, wo der Krieg so weit fortgeschritten ist, warte ich noch damit.

Samstag, 21. April 1945

Gegen sieben waren wir erneut unter Beschuss. Das wird mir jetzt doch zu viel. Ich haue ab. Schlechtes Essen und jede Minute den Tod vor Augen, das macht einen Menschen kaputt. Ich habe meine ganzen Sachen in einen Beutel gestopft und den Koffer für 30 RM verkauft. Nachdem der Chef in Freiham gewesen war, dem ich 10 RM Vorschuss abgeschwatzt hatte, haben wir uns um elf zu zweit auf unsere „Reise" begeben. [...] Zu Fuß und mit dem Zug waren wir bis halb fünf am nächsten Morgen unterwegs. Da hatten wir eine Strecke von 100 km zurückgelegt. Geschlafen haben wir gar nicht.

Sonntag, 23. April 1945

Halb acht abends. Glaubt es oder glaubt es nicht, aber ich bin jetzt auf amerikanischem Gebiet.

Jan Bazuin, Tagebuch eines Zwangsarbeiters (übers. von Marianne Holberg), München: C.H. Beck 2022, S. 26, 28 f., 43 f., 46, 69.

M 6 Zwangsarbeiterinnen in der Rüstungsindustrie

Frauen in einem deutschen Rüstungsbetrieb beim Zusammensetzen von Geschossteilen, Foto, München, um 1944

M 4 Zwangsarbeit

Das „Zwangsarbeit-Archiv" definiert „Zwangsarbeit" wie folgt:

Arbeit, die mit nicht-wirtschaftlichem Zwang und unter Androhung von Strafe verlangt wird. Unter Zwangsarbeit im Nationalsozialismus versteht man insbesondere die Verschleppung und Ausbeutung von über 13 Millionen ausländischen KZ-Häftlingen, Kriegsgefangenen und „zivilen" Arbeitskräften in Deutschland. Zwangsarbeit gab es auch in Ghettos, Arbeitserziehungslagern und anderen Lagern im gesamten besetzten Europa und betraf insgesamt etwa zwanzig Millionen Menschen. Deutsche Jüdinnen und Juden und deutsche Häftlinge leisteten ebenfalls Zwangsarbeit. Daneben herrschte in vielen besetzten Ländern ein allgemeiner Arbeitszwang für die Zivilbevölkerung. Davon abzugrenzen sind die Arbeitspflichten für die deutsche Bevölkerung (Reichsarbeitsdienst, Dienstverpflichtung, Landjahr), die unter völlig anderen Bedingungen stattfanden.

https://www.zwangsarbeit-archiv.de/zwangsarbeit/zwangsarbeit/zwangsarbeit-begriffe/index.html [letzter Zugriff: 11.07.2022].

M 5 Gewaltmigration im Nationalsozialismus – Infotext

a) Zwangsarbeit im Nationalsozialismus:

„Vernichtung durch Arbeit" lautete die menschenverachtende Formel für die Ausbeutung von KZ-Häftlingen. Sie sollten sich unter schlechtesten Bedingungen im Wortsinn zu Tode arbeiten. Neben dieser brutalen Form der Zwangsarbeit gab es vor allem im Zweiten Weltkrieg weitere For-

men der Zwangsarbeit. Da die Betroffenen mit Gewalt nach Deutschland gebracht wurden, handelte es ich um eine besondere Form von Zwangsmigration.
Die Aufrüstung, die Einberufungen während des Weltkrieges und die Kriegswirtschaft führten zu einem Mangel an Arbeitskräften. Dieser machte sich vor allem in der Landwirtschaft bemerkbar. Nach anfänglichen Anwerbungen aus verschiedenen europäischen Ländern griff das NS-Regime zusehends zu Zwangsmaßnahmen.
Viele Millionen Männer und Frauen mussten in Deutschland Zwangsarbeit leisten – in großen Firmen, in Handwerks- und Gewerbetriebe sowie auf Bauernhöfen. Sie waren in etwa 30 000 Lagern untergebracht. Dabei handelte es sich nicht nur um Konzentrationslager. Firmen richteten eigene Lager ein. Die Zwangsarbeiterinnen und Zwangsarbeiter lebten auch auf Bauernhöfen und in Privathaushalten. Daher waren die Arbeits- und Lebensbedingungen durchaus unterschiedlich. Dies ändert allerdings nichts daran, dass sie alle unter Zwang fern der Heimat arbeiten mussten.

b) Zwangsarbeit in Bayern:

Zwangsarbeit war auch in Bayern weit verbreitet; am schlimmsten war diese für die Häftlinge der Konzentrationslager. Das KZ Dachau errichtete dafür ein flächendeckendes Netz von Außenlagern. Allein in München waren Angehörige von 25 Nationen und Volksgruppen in Betrieben tätig. Sie machten ein Viertel der Bevölkerung aus. Große Firmen in den Städten forderten Zwangsarbeiterinnen und Zwangsarbeiter an. So richtete die Reichsbahn in München-Neuaubing ein Lager ein. Die dortigen Baracken sind neben Gebäuden in Berlin-Schöneweide die einzigen Überreste. Aber auch auf dem Land bestand ein hoher Bedarf an Arbeitskräften.
Am Ende des Krieges waren auch die Zwangsarbeiterinnen und Zwangsarbeiter wieder frei. Nach der Rückkehr in ihre Heimat fiel es ihnen mitunter schwer, wieder Fuß zu fassen, da sie verdächtigt wurden, mit den Deutschen zusammengearbeitet und sie unterstützt zu haben.

c) Erinnerung und Aufarbeitung

Lange blieb diese Seite des Nationalsozialismus wenig beachtet. Erst um die Jahrtausendwende begann die Diskussion über die Zwangsarbeit, von der viele namhafte Firmen profitiert hatten. Die Stiftung „Erinnerung – Verantwortung – Zukunft“ widmete sich der Entschädigung der Betroffenen und der öffentlichen Aufarbeitung dieses Themas. In Berlin entstand das Dokumentationszentrum NS-Zwangsarbeit und in München wurde das ehemalige Lager zu einem Erinnerungsort umgestaltet.

M 7 **„Ost“**
„Ostarbeiter“ aus der Sowjetunion mussten auf ihrer Kleidung die Aufnäher „OST“ tragen

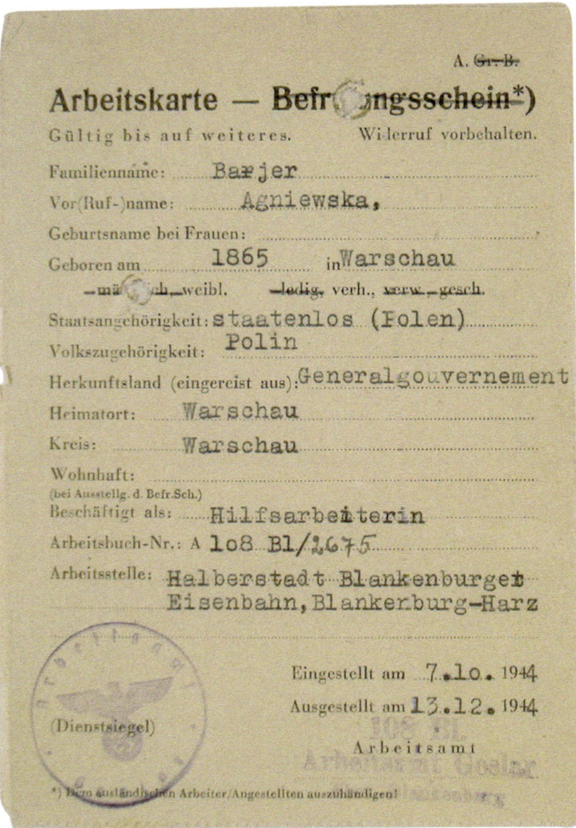

A. ~~Gr.-B.~~

Arbeitskarte — ~~Befr[...]ngsschein~~*)

Gültig bis auf weiteres. Widerruf vorbehalten.

Familienname: Barjer
Vor(Ruf-)name: Agniewska,
Geburtsname bei Frauen:
Geboren am 1865 in Warschau
~~männlich~~ weibl. ~~ledig~~, verh., ~~verw.~~, ~~gesch.~~
Staatsangehörigkeit: staatenlos (Polen)
Volkszugehörigkeit: Polin
Herkunftsland (eingereist aus): Generalgouvernement
Heimatort: Warschau
Kreis: Warschau
Wohnhaft:
(bei Ausstellg. d. Befr.Sch.)
Beschäftigt als: Hilfsarbeiterin
Arbeitsbuch-Nr.: A 108 Bl/2675
Arbeitsstelle: Halberstadt Blankenburger Eisenbahn, Blankenburg-Harz

(Dienstsiegel)

Eingestellt am 7.10.1944
Ausgestellt am 13.12.1944
Arbeitsamt

*) Dem ausländischen Arbeiter/Angestellten auszuhändigen!

M 8 **„Arbeitskarte“ einer Zwangsarbeiterin**
1944

Migration nach 1945: Heimatvertriebene

In den meisten westdeutschen Gemeinden finden sich Viertel und Straßenzüge, die eng mit der Geschichte von Flucht und Vertreibung verknüpft sind. Manchmal sind es nur Straßennahmen wie Breslauer, Königsberger oder Sudetenstraße, manchmal ganze Ortsteile wie Neugablonz im schwäbischen Kaufbeuren oder neugegründete Gemeinden wie Geretsried in Oberbayern: Sie erzählen vom Schicksal von Millionen Menschen, die mit dem Ende des Zweiten Weltkrieges ihre Heimat in den deutschen Ostgebieten und im östlichen Europa verloren. Zwei Geschichtskarten geben erste Informationen.

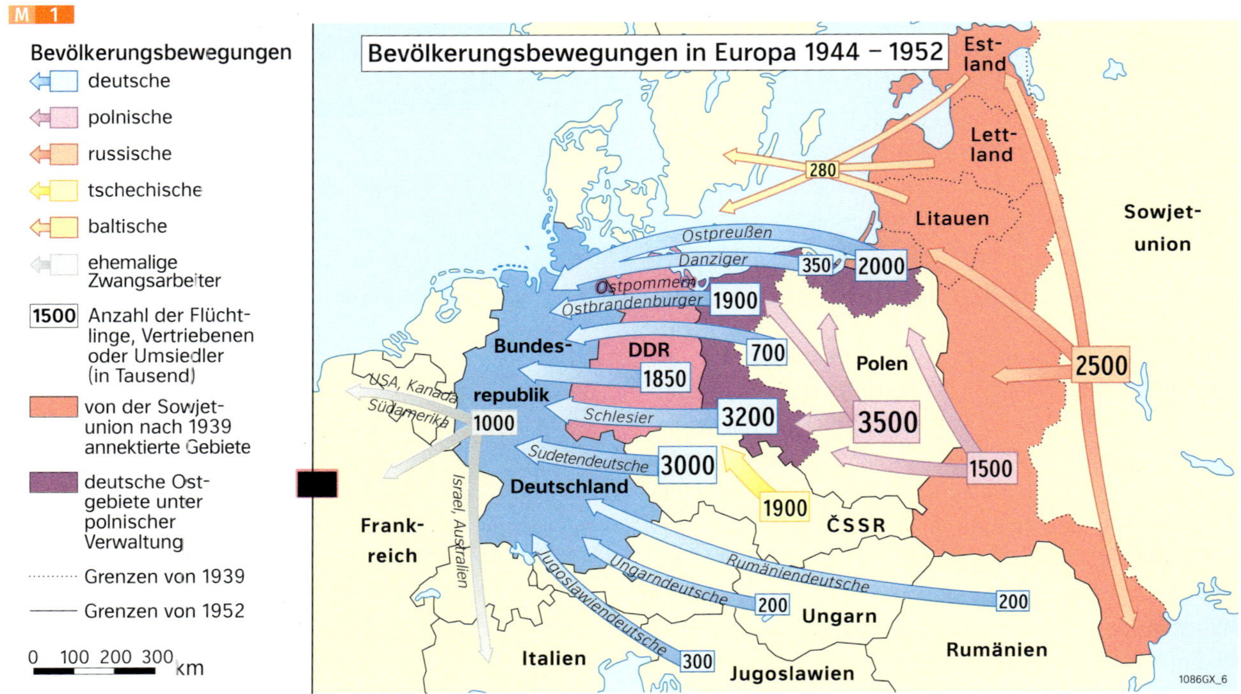

Aufgaben

Migration nach 1945: Heimatvertriebene – Lernaufgabe

Verfassen Sie am Beispiel der Heimatvertriebenen einen Essay zum Thema: „Unter welchen Bedingungen kann Integration gelingen?“ Gehen Sie dabei wie folgt vor:

a) Beschreiben Sie den Aufbau der Karten M1 und M2.
b) Erarbeiten Sie aus M1 die zentralen Bevölkerungsbewegungen am Ende des Zweiten Weltkrieges.
c) Zeigen Sie anhand der Karte M2, wie Bayern von Flucht und Vertreibung betroffen war.
d) Untersuchen Sie, wie sich Flucht und Vertreibung auf Bayern auswirkten. Ziehen Sie dazu den Infotext M3, die GDB auf Seite 98 und die Bilder M4–M6 heran.
e) Recherchieren Sie ausgehend von der Karte M2, wie sich Flucht und Vertreibung in Ihrer Heimatstadt bzw. Ihrer Heimatregion auswirkten.
f) Bearbeiten Sie die Quellen und Darstellungen auf den Seiten 100 und 101 mithilfe der Aufgaben auf Seite 101.
g) Erörtern Sie Chancen und Herausforderungen, die mit den Bevölkerungsbewegungen verbunden waren. Berücksichtigen Sie dabei verschiedene Perspektiven.

→ M1–M9, GDB auf Seite 98

Anteil der Flüchtlinge und Vertriebenen
an der Bevölkerung
der bayerischen Stadt- und Landkreise
nach der Volkszählung 1950
Mellrichstadt
Bad Neustadt/Saale
Brückenau
Bad Kissingen
Königshofen
Neustadt b. Cbg.
Coburg
Kronach
Naila
Hof
Rehau
Selb
Gemünden
Hammelburg
Hofheim
Stadtsteinach
Münchberg
Wunsiedel
Marktredwitz
Alzenau
Aschaffenburg
Lohr/Main
Ebern
Staffelstein
Lichtenfels
Kulmbach
Schweinfurt
Karlstadt
Haßfurt
Bayreuth
Kemnath
Tirschenreuth
Obernburg
Marktheidenfeld
Würzburg
Gerolzhofen
Bamberg
Ebermannstadt
Miltenberg
Kitzingen
Pegnitz
Eschenbach/Opf.
Neustadt/Waldnaab
Scheinfeld
Höchstadt/Aisch
Forchheim
Weiden
Vohenstrauß
Ochsenfurt
Uffenheim
Neustadt/Aisch
Erlangen
Lauf
Sulzbach-Rosenberg
Hersbruck
Oberviechtach
Nabburg
Fürth
Nürnberg
Amberg
Neunburg v.W.
Waldmünchen
Rothenburg o. d. Tauber
Ansbach
Neumarkt/Opf.
Schwandorf
Schwabach
Burglengenfeld
Cham
Kötzting
Feuchtwangen
Roding
Parsberg
Gunzenhausen
Hilpoltstein
Beilngries
Dinkelsbühl
Regensburg
Viechtach
Weißenburg i. By.
Bogen
Regen
Nördlingen
Eichstätt
Riedenburg
Grafenau
Kelheim
Straubing
Deggendorf
Donauwörth
Ingolstadt
Mallersdorf
Wolfstein
Neuburg/Donau
Rottenburg
Landau/Isar
Passau
Vilshofen
Wegscheid
Dillingen/Donau
Mainburg
Schrobenhausen
Pfaffenhofen/Ilm
Landshut
Dingolfing
Wertingen
Aichach
Freising
Vilsbiburg
Eggenfelden
Griesbach
Günzburg
Augsburg
Friedberg
Pfarrkirchen
Neu-Ulm
Krumbach
Dachau
Erding
Mühldorf
Altötting
Schwabmünchen
Fürstenfeldbruck
Illertissen
Wasserburg/Inn
Mindelheim
Landsberg/Lech
München
Ebersberg
Starnberg
Memmingen
Kaufbeuren
Wolfratshausen
Bad Aibling
Laufen
Rosenheim
Marktoberdorf
Traunstein
Bad Reichenhall
Kempten/Allgäu
Schongau
Weilheim
Miesbach
Lindau/Bodensee
Bad Tölz
Berchtesgaden
Füssen
Sonthofen
Garmisch-Partenkirchen
14271E
Anteil der Flüchtlinge und Vertriebenen an der Bevölkerung 1950 in Prozent
15 20 25 30%
Staatsgrenze
Landesgrenze
Landkreisgrenze
kreisfreie Stadt (nur bezeichnet, wenn der Name nicht mit dem Namen des Landkreises übereinstimmt)
Grenzen: Stand 1950
0 50 km

Migration nach 1945: Heimatvertriebene

1946: Verfassung des Freistaats Bayern

1949: Gründung der beiden deutschen Statten

Flucht und Vertreibung

M 3 Flucht und Vertreibung am Ende des Zweiten Weltkrieges – Infotext

a) Flucht:

Am 8. Mai 1945 endete mit der bedingungslosen Kapitulation der deutschen Militärführung der Zweite Weltkrieg in Europa. Er entwurzelte Millionen von Menschen und löste riesige Zwangsmigrationsbewegungen aus, von denen neben vielen anderen Bevölkerungsgruppen auch etwa 12 bis 14 Millionen Deutsche betroffen waren.
Bereits seit 1944 flohen Hunderttausende vor der vorrückenden Roten Armee aus den deutschen Ostgebieten nach Westen. Terror und Grausamkeiten des nationalsozialistischen Regimes in den zuvor besetzten Gebieten führten nun zu Racheakten an der deutschen Bevölkerung: Es kam zu Plünderungen, Vergewaltigungen, Verschleppung und Mord durch sowjetische Soldaten. Sie lösten eine panikartige Fluchtwelle aus Ostpreußen, Pommern und Schlesien aus.

b) Vertreibungen:

Noch während des Krieges begann die gewaltsame Vertreibung der deutschsprachigen Bevölkerung aus Ost- und Südosteuropa. Vor allem in Polen und der Tschechoslowakei kam es während der Phase der so genannten „wilden Vertreibungen" bis zum Herbst 1945 zu massenhaften gewalttätigen Übergriffen der Roten Armee und von Teilen der Zivilbevölkerung, die besonders unter dem NS-Terrorregime gelitten hatte. Neben dem Motiv der Rache spielten dabei aber auch politische Überlegungen eine Rolle. So versuchten die polnischen und sowjetischen Behörden, mit den gewaltsamen Vertreibungen Fakten zu schaffen für eine territoriale Neuordnung nach Kriegsende.
Im Sommer 1945 berieten die alliierten Siegermächte Großbritannien, die USA und die Sowjetunion auf der Potsdamer Konferenz über die Nachkriegsordnung für Deutschland und Europa. Umstritten war dabei die Frage der deutschen Ostgrenze. Stalin, der auf die ihm mit dem Hitler-Stalin-Pakt 1939 zugefallenen polnischen Gebiete nicht verzichten wollte, forderte, den neuen polnischen Staat nach Westen zu verschieben und mit deutschem Gebiet zu entschädigen. So erkannten die Alliierten in Potsdam die Oder-Neiße-Linie als neue deutsche Ostgrenze an.
Das bedeutete in der Folge die systematische Zwangsausweisung und Vertreibung der östlich dieser Linie verbliebenen Deutschen aus Schlesien, Ostpreußen, Teilen von Pommern und Brandenburg. In die frei gewordenen Gebiete wurden Polen aus nunmehr sowjetischem Gebiet zwangsumgesiedelt.

c) Heimatvertriebene in Bayern:

Nach Bayern kamen bis Ende 1946 fast zwei Millionen Flüchtlinge und Vertriebene, gegenüber 1939 bedeutete

M 4 Flucht vor der Roten Armee
Ostpreußen, Foto, Januar 1945

M 5 In Prag warten Sudetendeutsche auf ihre Deportation nach Deutschland.
Ihnen wurden Hakenkreuze auf Kleidung und Koffer aufgemalt, Foto 1945

das eine Bevölkerungsvermehrung von etwa 28%. Neben Schleswig-Holstein (67 % Zuwachs), Mecklenburg (52 % Zuwachs) und Niedersachen (42 % Zuwachs) war Bayern eines der Hauptaufnahmeländer. Für die Heimatvertriebenen, die oftmals alles verloren hatten und durch die Erlebnisse von Flucht und Vertreibung tief traumatisiert waren, bedeutete die Ankunft im Westen einen tiefen Einschnitt. Ihre Aufnahme und Integration stellte die Aufnahmeländer vor große Herausforderungen und veränderte diese langfristig.

d) Ankunft in der neuen Heimat:

Den größten Zustrom an Heimatvertriebenen erlebte Bayern ab Januar 1946. Gut die Hälfte waren Sudetendeutsche aus der Tschechoslowakei, daneben kamen Karpatendeutsche, Schlesier und Ostpreußen. In (Güter-) Zügen zunächst in mehrere Grenzdurchgangslager transportiert, wurden sie dort den deutschen Behörden übergeben, registriert und medizinisch untersucht. Die Weiterverteilung innerhalb Bayerns erfolgte zumeist in ländliche Regionen, wo die Kriegsschäden gering waren. Denn Wohnraum war insbesondere in den zerstörten Städten knapp. So wurde alles, was als Behausung tauglich schien, zur Unterbringung der Heimatvertriebenen herangezogen – frühere Militäreinrichtungen und ehemalige Konzentrationslager, Schulen und Theater, Bierkeller und Fabrikhallen. Im Oktober 1946 lebten in Bayern rund 150.000 Menschen in 1.375 Flüchtlingslagern, allein in München gab es 20 solcher Lager. Darüber hinaus waren behördlich angeordnete Zwangseinquartierungen in Wohnungen und Häusern von Privatpersonen üblich. Dass das nicht ohne Schwierigkeiten und Spannungen ablief, liegt auf der Hand.

e) Integration im Zeichen des „Wirtschaftswunders":

Die politische Entwicklung in Europa machte bald klar, dass sich die Hoffnungen vieler Vertriebener auf Rückkehr in die alte Heimat nicht erfüllen würden. Das Provisorium auf Zeit entwickelte sich allmählich zur neuen Heimat. Beschleunigt wurde die Integration durch den raschen wirtschaftlichen Aufschwung, sodass sich während der 1950er Jahre die materielle und gesellschaftliche Situation der Flüchtlinge und Vertriebenen verbesserte.

Dazu beigetragen haben Selbsthilfe-Initiativen der Heimatvertriebenen, die bald nach Kriegsende entstanden und aus denen später Vertriebenenverbände hervorgingen, wie z. B. die 1947 in Bayern gegründete Sudetendeutsche Landsmannschaft. Später bildeten sich auch allgemeine Interessenvertretungen wie 1950 der „Block der Heimatvertriebenen und Entrechteten" (BHE) sowie 1957 der „Bund der Vertriebenen". Ebenso bemühten sich die entstehenden deutschen Zentralbehörden mit Wohnungsbauprogrammen und gezielten sozialen Eingliederungshilfen um eine Linderung der unmittelbaren Not und die langfristige Integration der Heimatvertriebenen. In Bayern unterstützte seit 1950 die Landesanstalt für Aufbaufinanzierung die Gründung neuer Unternehmen mit Krediten, 1954 übernahm die bayerische Regierung die Schirmherrschaft über die sudetendeutsche Volksgruppe. Zu den bundesweiten staatlichen Maßnahmen gehörte das Lastenausgleichsgesetz von 1952, das mittels langfristiger Vermögensabgaben der Bevölkerung eine zumindest teilweise Entschädigung für kriegsbedingte Verluste als Starthilfe für Vertriebene vorsah. Auch wenn das Gesetz bei weitem nicht alle Betroffenen finanziell erreichte, wirkte es dennoch als Zeichen der Solidarität mit den Heimatvertriebenen.

Zum „Wirtschaftswunder" und damit zu einer dauerhaften Integration trugen auch die Heimatvertriebenen mit ihrem enormen Aufbau- und Aufstiegswillen in erheblichem Maße bei. Dabei halfen ihnen ihre speziellen Berufserfahrungen, die vielfach zu erfolgreichen Firmenneugründungen führten. Aus den Vertriebenensiedlungen, die als Notunterkünfte zum Beispiel auf dem Gelände ehemaliger Wehrmachtskasernen entstanden waren, entwickelten sich nicht selten eigene Gemeinden und Industriestandorte. So gelangten Vertriebene aus dem nordböhmischen Bezirk Gablonz nach Kaufbeuren, wo sie die in ihrer Heimat ansässige Schmuck- und Glasindustrie neu begründeten. Noch heute ist Neugablonz ein Zentrum der Modeschmuckindustrie. Auch Geretsried, Waldkraiburg, Traunreut und Neutraubling gingen aus ehemaligen Vertriebenensiedlungen hervor.

Gleichwohl dauerte der Integrationsprozess seine Zeit und lief nicht für alle gleichermaßen erfolgreich ab. Erst 1963 wurde das letzte Vertriebenen-Lager in Bayern im Landkreis Donau-Ries aufgelöst, und 1965 lebten noch rund 60.000 Flüchtlinge in sogenannten Barackenwohnungen.

M 6 Lehrling beim Pressen von Glasknöpfen in Kaufbeuren-Neugablonz, das von Sudetendeutschen aus dem Kreis Gablonz in Nordböhmen gegründet wurde,
Foto, 1957.

Migration nach 1945: Heimatvertriebene

M 7 „Arme Leute“

Eine 1940 im südböhmischen Budweis geborene Frau berichtet über die erste Zeit nach ihrer Ankunft als Vertriebene in Westdeutschland:

Wir galten als arme Leute, und ich erinnere mich an entwürdigende Szenen. Abends kamen oft die Wirtsleute zu uns ins Zimmer und boten sehr ehrlich und herzlich an: „Wir haben Kartoffelsalat übrig. Bevor wir es den Säuen geben, wollen Sie es nicht haben?“ Meine Mutter empfand es als entsetzlich, dass wir sozusagen vor den Säuen rangierten. [...] Sie erzählte uns, was für eine feine Familie wir in Budweis gewesen waren, in welchem Wohlstand und Reichtum wir gelebt hatten, wie kostbar ihre Garderobe und ihr Schmuck waren [...].
Das gleiche erzählte sie auch den Bauern. Die glaubten es ihr aber wohl nicht. Sie hatte ja keinen Beweis dafür, nicht einmal ein Foto. Sie prägte uns einfach ein, dass das Chaos und Provisorium, in dem wir lebten, etwas Vorübergehendes sei und wir in diese Umgebung nicht hineingehörten.

Zit. nach: Alena Wagnerová, 1945 waren sie Kinder. Flucht und Vertreibung im Leben einer Generation, Köln: Kiepenheuer und Witsch 1990, S. 56.

M 8 „Da kriegen wir noch mehr G'schwerl her“

Bericht eines Flüchtlingsvertrauensmannes aus der bayerischen Gemeinde Erling/Andechs über das Jahr 1946 vom 20. Januar 1947:

Wohnungsbau: Es bestehen in der Gemeinde eine Reihe von Wohnungsbaumöglichkeiten, die mit geringem Kostenaufwand gute Wohnräume ergeben würden, dadurch könnten Elendsquartiere in der Gemeinde aufgehoben werden. Ein diesbezüglicher Antrag in der Gemeinde Mitte vergangenen Jahres [betr.] den Speicher des Lehrerhauses [Gemeindebesitz] wurde abgelehnt. Ein Gemeinderat hatte sich geäußert: Da kriegen wir noch mehr G'schwerl [Gesindel] her. [...]
Ernährungsschwierigkeiten: [...] In der Übergangszeit zur neuen Ernte gab es eine ausgesprochene Hungersnot unter den Flüchtlingen, die 3 Wochen lang ohne Kartoffel waren, weil die [Name]-Lagerhäuser keine heranbrachten und die Bauern von ihren Futterkartoffeln keine hergaben. Die Flüchtlinge waren gezwungen, um nicht zu verhungern, Felddiebstahl zu betreiben, der natürlich für die Einheimischen ein willkommener Anlass war, auf die Flüchtlinge loszuziehen. [...] Unter den Flüchtlingen gab es in dieser Zeit große Erregung, weil Bauern kein Verständnis für die Notlage zeigten und vor Augen hungernder Flüchtlinge ihre Dampfnudeln verzehrten und den um Kartoffeln nachfragenden Flüchtlingen erklärten: „Die jetzigen Kartoffeln essen Sie sowieso nicht, die geben wir nur den Schweinen.“ [...]
Flüchtlinge zur einheimischen Bevölkerung: Wie schon im vorstehenden Absatz geschildert, wird das Verhältnis der Flüchtlinge zu den Einheimischen hauptsächlich bestimmt durch die Ernährungsspanne. Die einheimischen Bauern und die anderen Einheimischen durch ihre Beziehungen leben viel besser als die Flüchtlinge [...]. Dazu kommt die allgemeine ablehnende Haltung der Einheimischen gegenüber den Flüchtlingen, weil sie sich in ihrem Lebensraum beeinträchtigt und beobachtet fühlen. Auch konfessionelle Gegensätze spielen eine Rolle. [...]
Verhältnis zur Gemeindebehörde: Gerügt wird von den Flüchtlingen die vollkommen unzureichende Versorgung mit Textilien, hauptsächlich für Erwachsene und aus der Kriegsgefangenschaft heimkehrende Soldaten, Schuhwerk für Erwachsene, vor allem Arbeitsschuhe, Kochtöpfe und der Mangel an Mobiliar. [...]
Ich versuchte, der Weisung gemäß, im Gemeinderat die Flüchtlingsinteressen zu vertreten, doch wurde ich zu den letzten zwei Gemeinderatssitzungen wieder nicht zugezogen, obwohl sie sich mit Flüchtlingsangelegenheiten beschäftigten.“

Zit. nach: Merit Niehuss/Ulrike Lindner (Hg.), Deutsche Geschichte in Quellen und Darstellung, Bd. 10: Besatzungszeit, Bundesrepublik und DDR 1945–1969, Stuttgart: Reclam 2012, S. 108–112.

M 9 „Kalte, fremde oder neue Heimat?“

a) Der Historiker Andreas Kossert setzt sich kritisch mit der These der rundum geglückten Integration der Vertriebenen auseinander (2008).

Bis dahin [1980er-Jahre] lieferten Autoren zur Ankunft der Vertriebenen nach 1945 für gewöhnlich eine allgemein akzeptierte Erfolgsgeschichte und sprachen von einer gelungenen Integration. Anpassung und Eingliederung waren demnach das Ergebnis der gemeinsamen Anstrengung von Einheimischen und Vertriebenen. Der Druck, sich anzupassen, dem die Neuankömmlinge zunächst ausgesetzt waren, die Ablehnung und Ausgrenzung, die diese „Fremden“ gerade auf dem Land erfuhren, wird kaum erwähnt. Überliefert wurde die Geschichte allein aus Sicht der Einheimischen, während das Schicksal der Vertriebenen, nämlich was sie erlebt und durchgemacht hatten, bis sie im Westen eingetroffen waren, kaum zur Geltung kam. [...]
Die Deutschen der Nachkriegszeit verstanden unter Inte-

gration aber rein bürokratisch-zweckrationales Handeln. Es überwog eine ausgeprägt materialistische Vorstellung, während persönliche Betroffenheit, Trauer, Traumatisierung und Schmerz nicht wahrgenommen wurden [...].
Die oft gepriesene materielle Integration der Heimatlosen im Wirtschaftswunderland gelang letztlich, weil die Vertriebenen nicht in der Rolle der Betroffenen verharrten, sondern selbst Hand anlegten und durch ihre Leistungs- und Anpassungsbereitschaft, ihre Arbeitskraft und bald auch ihre Kaufkraft dieses Wirtschaftswunder ganz entscheidend mittrugen. [...]
Es ist an der Zeit, deutsche Vertriebene endlich als Opfer zu begreifen, die nicht nur unter Flucht und Vertreibung gelitten haben, sondern auch unter der Hartherzigkeit ihrer eigenen Landsleute. [...]
Denn das Bemühen, Vertriebene als Opfer anzuerkennen, ist nicht nach außen gerichtet, sondern auf die einheimische, innerdeutsche Mehrheitsgesellschaft und auf den Mythos von der erfolgreichen, solidarischen Integration der Vertriebenen. [...] Die Integration der Vertriebenen, die in Teilen nichts anderes war als eine erzwungene Assimilation, erfolgte um den hohen Preis der kulturellen Selbstaufgabe.

Andreas Kossert, Kalte Heimat. Die Geschichte der deutschen Vertriebenen nach 1945, München: Pantheon 2009, S. 12–15, 349 f., 353.

b) In einem Aufsatz überprüft der bayerische Landeshistoriker Walter Ziegler, inwieweit Andreas Kosserts These von der „Kalten Heimat" auch auf die Entwicklung in Bayern anwendbar ist (2021).

Natürlich stand [bei der Eingliederung der Vertriebenen] im Vordergrund die Beschlagnahmung von Wohnraum zu deren Gunsten. Jede Beschränkung der Einheimischen war hier bitter [...]. Sodann fürchteten viele Einheimische, dass Bayern „überfremdet" werde. Gute Sitten und Traditionen, gerade auch religiöse und volkstümliche, würden in einer mit den Vertriebenen verschmolzenen Gesellschaft schnell ans Ende kommen. Im persönlichen Umgang gab es auch viel Unverständnis von beiden Seiten, angefangen von den jeweiligen Dialekten, die man schwer verstand, über unterschiedliche Kleidung und Arbeitsweisen, die Berichte eines angeblichen früheren Wohlstandes der Flüchtlinge – sie kämen wie Landstreicher daher, hätten aber angeblich einst lauter Schlösser gehabt – bis zu einem herablassenden Benehmen mancher Flüchtlinge, so als wären sie mit ihren gutbürgerlichen Traditionen nun in Gegenden von ungebildeten Eingeborenen verschlagen worden. [...]
Bei diesen größeren und kleineren Misshelligkeiten, die vor allem auch atmosphärischer Art waren, muss man sagen, dass sie offenbar nicht von der Mehrheit der Bevölkerung geteilt und im Lauf weniger Jahre weit in den Hintergrund gedrängt wurden, vor allem, als klar wurde, welche Vorteile gerade die Aktivität der Neuankömmlinge für Staat und Bevölkerung mit sich brachten. Insgesamt wird man also das Verdikt [Urteil] der „Kalten Heimat" oder der „Fremden Heimat" auf die Entwicklung in Bayern nur bedingt und höchstens für eine kurze Zeit anwenden können.

Walter Ziegler: „Die Eingliederung der Vertriebenen in Bayern. Kalte, fremde oder neue Heimat?" In: Bayerische Landeszentrale für politische Bildungsarbeit (Hg.), Einsichten und Perspektiven. Bayerische Zeitschrift für Politik und Geschichte, Themenheft 1: Flucht und Vertreibung, München: Bayer. Landesz. f. pol. Bild. 2021, S. 101 f.

Aufgaben

Migration nach 1945: Heimatvertriebene

a) Erschließen Sie aus den Quellen M7 und M8 die wesentlichen Probleme und Konfliktfelder, die sich im Zusammenleben von Heimatvertriebenen und Einheimischen ergaben.
b) Analysieren Sie die beiden Textauszüge von Andreas Kossert (M9a) und Walter Ziegler (M9b) und stellen Sie die beiden Positionen einander vergleichend gegenüber. Nehmen Sie beurteilend Stellung.
c) Erörtern Sie auf der Grundlage Ihrer Kenntnisse, inwieweit die Aufnahme und Integration von Flüchtlingen und Vertriebenen Bayern verändert hat und ob man von den Heimatvertriebenen als einem „gewichtigen Modernisierungsfaktor" (Andreas Kossert) für die Bundesrepublik sprechen kann.
d) Die Sonderausstellung „Neuanfänge" des Hauses der Bayerischen Geschichte beschäftigt sich mit dem Thema der Heimatvertriebenen in Bayern: https://www.museum.bayern/ausstellungen/sonderausstellungen/neuanfaenge.html Recherchieren Sie dort zu Neuanfängen der Heimatvertriebenen in Bayern und zeigen Sie auf, welche Faktoren deren Integration langfristig begünstigten und ermöglichten.

↝ M7 – M9, Internet

Arbeitsmigration im 20. Jahrhundert: „Gastarbeiter"

„Man hat Arbeitskräfte gerufen, und es kommen Menschen." – Der Schweizer Schriftsteller Max Frisch hat schon 1965 das grundlegende Problem der Einwanderung ausländischer Arbeitskräfte seit den 1950er-Jahren beschrieben. Diese Form der Arbeitsmigration wurde mit dem eigenartigen Begriff „Gastarbeiter" umschrieben. Inzwischen haben viele Personen des öffentlichen Lebens einen Migrationshintergrund, und die Einflüsse aus ihren jeweiligen Herkunftsländern prägen das heutige Deutschland. Zwei Zeitzeugenberichte geben wichtige Hinweise über diese Arbeitsmigration.

M 1 Zwei Zeitzeugenberichte

a) Der Zeitzeuge José Torres erinnert sich an seine Ankunft in Hamburg am 25. August 1962 (2007):

Mit mir kamen nach Hamburg: Armando, Beata, Castro, Fernando, José Broa, Germano da Conceição. An zwei Namen kann ich mich nicht mehr erinnern, drei von uns leben noch immer in Hamburg: Germano da Conceição, Antonio Beata und ich. Diese ersten portugiesischen Gastarbeiter in der Bundesrepublik Deutschland machten den Weg frei für die moderne Emigration. Wir hatten nichts, nur Arbeit, wir hatten keine Zeit, wir hatten nur die Arbeit. Nach unserer Ankunft lebten wir in einem Haus hinter der Werft [...]. 1960 und 1961 arbeiteten schon Portugiesen in Hamburg, auf der Werft und sonstwo. Keiner von diesen besaß einen Auswandererpass. Einige kannte ich. Campos gründete die „Associção Portuguesa em Hamburgo" mit 12 oder 14 Werftarbeitern, zu denen noch Kollegen von anderen Betrieben stießen. Aber vorher mussten noch viele Schwierigkeiten aus dem Weg geräumt werden [...]. Castro war der Erste, der ein Restaurant eröffnete, das „Transmontano" [...]. Wir waren alle sehr arm. Darum verließen wir am 23. August und im Dezember 1962 Portugal, um in Hamburg zu arbeiten. Wir kamen aus Lissabon, aus Braga, Guimarães und aus Taipas. Der Lohn zu dieser Zeit war erbärmlich: In Lissabon arbeitete ich für die „Companhia Nacional de Navegação" (CNN) und verdiente 76 Escudos am Tag, Geld, das gerade für das Essen reichte. [...] Aber es war nicht die Armut allein, die viele Portugiesen zwang, ihre Heimat ohne Genehmigung zu verlassen, sondern auch die politische Situation, denn Portugal war ein faschistisches Land.

Zit. nach: Michael Studemund-Halevy, Portugal in Hamburg, Hamburg: Ellert und Richter 2007, S. 113f.

b) G. Biner, der 1968 aus der Türkei nach München kam und in den 70er-Jahren seine Familie nachholte, erinnert sich (2011):

An dem Tag, als [unsere Tochter] Göknil in die erste Klasse kam, haben wir gesagt: Jetzt müssen wir entscheiden, was wir wollen: Nach Hause? Oder hier bleiben? Wir mochten ja die Türkei, keiner von uns hatte je daran gedacht, ein ganzes Leben hier [in Deutschland] zu verbringen. Aber plötzlich lagen die Dinge anders. Die Älteste kam zur Schule, die Jüngere war gerade geboren. Und als wir auf dem Sofa saßen und überlegten, wurden wir uns schnell einig, dass eine Rückkehr [in die Türkei] nicht mehr infrage kommt. Die schulische und pädagogische Ausbildung, die unseren Töchtern hier bevorstand, hätte ihnen die Türkei nie geboten, als Mädchen schon gar nicht. Für Kinder und besonders für Mädchen ist die Zukunft in Deutschland einfach eine bessere! Also haben wir entschieden: Wir bleiben. [...] Während der gesamten Schulzeit unserer Kinder war ich im Elternbeirat, erst in der Schule, später auch im „Gemeinsamen Elternbeirat" der Stadt München.

Zit. nach: Jeannette Goddar/Dörte Huneke (Hg.), Auf Zeit. Für immer. Zuwanderer aus der Türkei erinnern sich, Köln: Kiepenheuer & Witsch 2011, S. 36f.

Aufgaben

Arbeitsmigration im 20. Jahrhundert: „Gastarbeiter" – Lernaufgabe

Erstellen Sie ein Referat zum Thema. Stellen Sie dabei einen selbst gewählten Erfahrungsbericht in den Mittelpunkt und erläutern Sie anhand dieser Quelle die spezifische Form der Arbeitsmigration. Berücksichtigen Sie dabei folgende Arbeitsschritte:

a) Analysieren Sie die persönlichen Erfahrungen der Arbeitsmigranten (M1). Achten Sie dabei auf Zeitpunkt, Herkunft, Motive und zentrale Erfahrungen.

b) Ordnen Sie die Erfahrungen historisch ein. Werten Sie dafür den Infotext M2 und die Bildquelle M3 aus.

c) Sammeln Sie weitere Zeitzeugenberichte zum Thema, z. B. auf der Seite des Hauses der Bayerischen Geschichte https://www.hdbg.de/gleis11/index.php. Entscheiden Sie sich für eine Quelle und begründen Sie Ihre Auswahl.

→ M1, Infotext M2, M3, Internet

M 2 Arbeitsmigration im 20. Jahrhundert: „Gastarbeiter" – Infotext

a) Das „Wirtschaftswunder" braucht Arbeitskräfte:

Auf die Not der unmittelbaren Nachkriegsjahre war in der Bundesrepublik ein ungeahnter wirtschaftlicher Aufschwung gefolgt: Im Zuge dieses sogenannten „Wirtschaftswunders" wuchs der Bedarf an Arbeitskräften so stark an, dass er bald nicht mehr durch Einheimische gedeckt werden konnte. Die Bundesregierung entschied sich daher, die dringend benötigten Arbeitskräfte gezielt im Ausland anzuwerben. Zu diesem Zweck wurden mit mehreren Ländern Anwerbeabkommen getroffen: mit Italien (1955), mit Spanien und Griechenland (1960), mit der Türkei (1961), mit Marokko (1963), mit Portugal (1964), mit Tunesien (1965) und mit Jugoslawien (1968). Da ostdeutsche Arbeitskräfte infolge des Mauerbaus ab 1961 ausblieben, verstärkte sich der Zuzug ausländischer Arbeitskräfte von rund 330 000 (1960) über 1,5 Millionen (1969) auf 2,6 Millionen (1973). Diese Menschen übernahmen oft ungeliebte und schwere Arbeiten. Da davon ausgegangen wurde, dass sie nur auf Zeit in Deutschland arbeiten, nannte man sie „Gastarbeiter".

b) Ölpreiskrise und Anwerbestopp:

Die wirtschaftliche Krise Anfang der 1970er-Jahre führte schließlich zu einem Anwerbestopp. Von den 14 Millionen ausländischen Arbeitnehmerinnen und Arbeitnehmern, die bis dahin in die Bundesrepublik gekommen waren, kehrten elf Millionen wieder in ihre Heimatländer zurück; etwa drei Millionen Menschen blieben jedoch und holten sogar ihre Familien nach. Nun zeigte es sich, dass es sich bei ihnen nicht mehr um „Gastarbeiter" handelte.

Der Anwerbestopp zog eine ambivalente Entwicklung nach sich: Wollte ein „Gastarbeiter" nach 1973 lediglich für einige Zeit in sein Heimatland zurückkehren, mit der Absicht, zu einem späteren Zeitpunkt wieder in Deutschland zu arbeiten, so war ihm dieser Weg nun verstellt. Diejenigen, die blieben, wurden faktisch zu Einwanderern mit fester Bleibeabsicht, zumal sich auch ihr rechtlicher Aufenthaltsstatus umso mehr festigte, je länger ihr Aufenthalt in der Bundesrepublik andauerte.

c) Einheimische mit ausländischem Pass:

Die politischen Entscheidungsträger, die eine derartige Entwicklung nicht beabsichtigt hatten, bestritten noch über Jahre hinweg, dass es sich bei der Bundesrepublik um ein Einwanderungsland handle, obwohl die Einwanderungssituation offensichtlich war. Als die Behörden ab den 1980er-Jahren dann allmählich mit integrativen Maßnahmen begannen, war die Situation zahlreicher Einwanderer paradox: Offiziell waren sie nämlich keine Einwanderer, sondern Einheimische mit ausländischen Pässen, deren Kinder oft sogar in der Bundesrepublik geboren worden waren. Besonders deutlich wird dies am Beispiel vieler türkischstämmiger Einwanderer: Während sie in der Bundesrepublik noch nicht als Deutsche betrachtet wurden, galten sie in der Türkei nicht selten schon als „Deutschländer". Ihr neues Lebensumfeld hatte sich schließlich auch auf ihre Lebensweise, ihre Mentalität und ihr Selbstverständnis ausgewirkt – zu den kulturellen Einflüssen der alten Heimat waren auch die der neuen Heimat hinzugekommen.

M 3 Der 1-millionste „Gastarbeiter" in der BRD

Vertreter der Bundesvereinigung Deutscher Arbeitgeberverbände begrüßen auf dem Bahnhof in Köln-Deutz den einmillionsten „Gastarbeiter", den Portugiesen Armando Rodriguez de Sa, und überreichen ihm als Geschenk ein Moped der Marke Zündapp, Foto: 10. September 1964.

Immigration und Integration nach 1990

Nach dem Zusammenbruch des Ostblocks und der deutschen Einigung sowie im Zuge der Globalisierung haben sich die Wanderungsbewegungen nach Deutschland deutlich geändert. Die folgenden Romanauszüge zeigen anhand eines konkreten Beispiels auch Chancen und Herausforderungen der Integration auf.

M 1 Erfahrungen in Deutschland

Lena Gorelik wurde 1981 in Petersburg geboren und kam 1992 mit ihren Eltern nach Deutschland. Sie wuchs in Baden-Württemberg auf und lebt heute in München. Über ihre Erfahrungen in Deutschland schreibt sie in ihrem autobiografischen Roman „Wer wir sind" (2021):

a) In Beige, im Parka, in Deutschland steht das Mädchen am Zaun, es schaut den anderen Kindern beim Spielen, Sprechen, Essen zu. Steht alleine, die anderen Kinder tragen neonbunte Helme und T-Shirts, die in der Sonne leuchten. Das Mädchen sieht keine Parkas, es sieht Gelb, Grün, Pink, Rot, Blau, sieht bunte Haargummis in den Haaren und Haarspangen mit Glitzer. Es sieht sich selbst, wie es da steht. Das Anderssein ist beige, ist hässlich, ist ich. Es steht immer noch manchmal da, dieses Mädchen, obwohl ich ihm seit so vielen Jahren befehle zu verschwinden. Ich habe mich um das Mädchen gekümmert. Habe ihm den Parka ausgezogen. Ihm andere Kleidungsstücke gegeben, deren Namen ich lernen musste. Deutsche Kleidungsstücke – eine schwarze Radler-Leggins zum Beispiel, die haben meine Eltern bei C&A aus der Wühlkiste mit reduzierten Sachen gefischt, und das ganze Wohnheim drängte sich in die Küche, um sie sich anzusehen. Und бабушка [russ. Babuschka: Oma] sagte: „Die ziehst du zu besonderen Anlässen an!", und ich nickte, und die Frau aus Zimmer 7 sagte: „Was soll denn das sein, was ist das denn für ein Stoff, Synthetik?", und ich flüsterte: „Die versteht nichts von Deutschland", und laut sagte ich: „Das ist eine Leggins." Als wüsste ich genau, was eine Leggins ist. [...]
Monatelang habe ich kleine Kinder gesittet, um dem Mädchen Doc Martens zu kaufen, nachdem mein Vater gesagt hatte, für Soldatenschuhe gäbe er mir kein Geld. Wüsste ich denn nicht, dass ich ein Mädchen sei, bald eine junge, hoffentlich schöne Frau? Habe später dann gelernt, Kleidungsstücke, wie meine Mutter sagt, „ohne Schrift" zu tragen, und noch später ohne Farben. Dunkelblau und schwarz. Alles, um das Mädchen von dem Parka zu befreien. [...]

b) Unsere Erinnerungen legen wir uns zurecht in erzählbare Geschichten. Ich hatte mir auch eine zurechtgelegt, und ich achtete darauf, sie so zu erzählen, dass man lachen durfte über mein Leben: Wenn ich gefragt wurde, wie es war, neu in einem Land zu sein und die Sprache nicht zu verstehen, so erzählte ich, dass ich anfangs die Schulfächer, aufgrund nicht vorhandener Sprachkenntnisse, anhand der verschiedenfarbigen Heftumschläge unterschied: Montags hatte ich Gelb, Blau, zweimal Rot und dann Grün, dienstags Blau, Gelb, Orange, Braun, Grün. Ich erzählte, wie ich die Sprache aufsog, wie ein hungriges Tier schnappte ich nach Worten, hielt sie mit aller Kraft fest, ließ sie auf der Zunge zergehen. Als ich genug Worte gesammelt hatte, um über das Flüchtlingswohnheim zu schreiben, bildete ich diesen Satz: ein Zuhause, für das ich mich bis auf die Knochen schämte. Und ich freute mich an der Sprache, die die meine geworden war. Und die Menschen, die mir bei Lesungen zuhörten, lachten über meine Geschichte, immer an den von mir dafür vorgesehenen Stellen. Ich hielt die Pausen im Lesefluss ein, die, an denen sie über mich lachen sollten. Meine Geschichte hatte ich mir zurechtgelegt und gefaltet, dass ich sie vorzeigen konnte. Nichts davon war gelogen, und nichts war erzählt.

Lena Gorelik, Wer wir sind, Hamburg: Rowohlt 2021, S. 158 ff. und 263 f.

Aufgaben

Erfahrungen in Deutschland

a) Fassen Sie die Ausführungen der Ich-Erzählerin in M1 mit eigenen Worten zusammen.

b) Ordnen Sie die Migrationserfahrung der Ich-Erzählerin einer im Infotext M2 aufgeführten Zuwanderergruppe zu.

c) Vergleichen Sie, wie sich die Ich-Erzählerin in den beiden Auszügen mit ihren Erfahrungen jeweils auseinandersetzt.

d) Untersuchen Sie, ausgehend von den von der Ich-Erzählerin geschilderten Erfahrungen, welche Chancen und Probleme bei der Integration auftreten können.

→ M1, M2

M 2 Immigration und Integration nach 1990 – Infotext

a) Ist Deutschland ein Einwanderungsland?

Lange war umstritten, ob die Bundesrepublik ein Einwanderungsland sei. Die erste große Einwanderung erfolgte seit den 1950er-Jahren: Der wirtschaftliche Aufschwung („Wirtschaftswunder") führte zu einem Mangel an Arbeitskräften, die nun gezielt angeworben wurden, vor allem aus Südeuropa. Der Begriff „Gastarbeiter" machte dies deutlich und unterstellte, dass die eingewanderten Arbeitnehmer spätestens mit dem Ende des Berufslebens wieder in ihre Herkunftsländer zurückkehrten. Bald zeichnete sich jedoch ab, dass viele von ihnen in der Bundesrepublik blieben, Familien gründeten oder ihre Familien nachholten. Die nachfolgenden Generationen wuchsen dann schon in Deutschland auf. Die Diskussion, ob die Bundesrepublik ein Einwanderungsland sei, begleitete die Geschichte der Bundesrepublik.

b) Einwanderergruppen nach 1990:

Mit dem Zerfall des Ostblocks und mit der deutschen Wiedervereinigung änderte sich die Situation grundlegend. In den Jahren seit 1990 kamen zahlreiche neue Zuwanderergruppen nach Deutschland:
Aus den osteuropäischen Staaten konnten Deutschstämmige nun ungehindert ausreisen und sich eine neue Heimat im vereinigten Deutschland suchen. Eine entsprechende Bestimmung im Grundgesetz machte dies möglich: „Deutscher im Sinne dieses Grundgesetzes ist [...], wer die deutsche Staatsangehörigkeit besitzt oder als Flüchtling oder Vertriebener deutscher Volkszugehörigkeit oder als dessen Ehegatte oder Abkömmling in dem Gebiete des Deutschen Reiches nach dem Stande vom 31. Dezember 1937 Aufnahme gefunden hat." (Art. 116). Vor allem aus Russland kamen viele Menschen, die in der Öffentlichkeit als Russland-Deutsche bezeichnet wurden.
Eine andere Gruppe waren die sogenannten Kontingentflüchtlinge. Unter dieser Bezeichnung nahm Deutschland aus humanitären Gründen Menschen auf, ohne dass diese ein förmliches und langwieriges Asylverfahren durchlaufen mussten. Zum Personenkreis der Kontingentflüchtlinge zählten auch viele Jüdinnen und Juden, die nach dem Ende des Ostblocks nicht nur nach Israel und in die USA, sondern auch nach Deutschland auswanderten.
Nach dem Ende des Kalten Kriegs kam es leider nicht zu einem allgemeinen weltweiten Friedenszustand, stattdessen entstanden zahlreiche neue regionale Konflikte. Staaten lösten sich auf und gründeten sich, was oft mit gewaltsamen Auseinandersetzungen verbunden war. In Europa führte der Zerfall Jugoslawiens in den 1990er-Jahren zu einem blutigen Bürgerkrieg, vor dem viele Menschen flohen, unter anderem auch nach Deutschland.
In den darauffolgenden Jahren gab es große Fluchtbewegungen vor allem aus dem arabischen und nordafrikanischen Raum. In verschiedenen Ländern entstanden ab 2010 infolge von Massenprotesten im sogenannten „Arabischen Frühling" unsichere politische und ökonomische Verhältnisse, mitunter brach die Staatsgewalt zusammen und es kam zu Bürgerkriegen.
Bis heute kommen viele Menschen aus Afrika nach Europa, weil sie hier bessere Lebensperspektiven suchen. Dabei nehmen sie nicht selten auch lebensgefährliche Fahrten über das Mittelmeer in Kauf.
Als sich im Zusammenhang mit den Kriegen in Syrien und Afghanistan die Flüchtlingslage 2015/16 zuspitzte, entschloss sich die damalige Bundeskanzlerin Angela Merkel dazu, über eine Million Flüchtlinge, Migranten und andere Schutzsuchende aus humanitären Gründen in Deutschland aufzunehmen. Diese Entscheidung wurde innerhalb der Gesellschaft sowohl euphorisch begrüßt („Willkommenskultur") als auch heftig diskutiert, mitunter kam es sogar zu gewalttätigen Ausschreitungen gegen Flüchtlinge.
Schließlich gibt es beim Thema Migration auch langfristige Entwicklungen: Das Zusammenwachsen Europas und der Ausbau der Europäischen Union haben dazu geführt, dass seit 2005 für alle Bürgerinnen und Bürger von EU-Staaten Freizügigkeit besteht. Diese Regelung löste vielfältige Wanderungsbewegungen aus, von denen auch Deutschland nachhaltig betroffen war und ist. Darüber hinaus wird die weltweite Migration durch die Globalisierung begünstigt, die seit den 1990er-Jahren deutlich vorangeschritten ist.

M 3 Russlanddeutsche Familie

Grenzdurchgangslager Friedland, Foto, Juli 1987

Immigration und Integration nach 1990

M 4 „Eine Ethik der Migration"

Der Politiker und Philosoph Julian Nida-Rümelin formuliert „Postulate", die für ihn eine erfolgreiche Migrationspolitik ausmachen (2017):

1. Postulat: Gestalte die Migrationspolitik so, dass sie zu einer humaneren und gerechteren Welt beiträgt.

2. Postulat: Gestalte die Migrationspolitik im Inneren, also in den aufnehmenden Gesellschaften, so, dass die Einwanderung als Bereicherung und nicht als Bedrohung wahrgenommen wird.

3. Postulat: Migrationspolitische Entscheidungen müssen mit dem kollektiven Selbstbestimmungsrecht der jeweiligen Bürgerschaft verträglich sein.

4. Postulat: Die Migrationspolitik sollte so ausgestaltet sein, dass sie die soziale Ungleichheit im aufnehmenden Land nicht verschärft, die Strukturen des sozialen Ausgleichs (Sozialstaat) nicht gefährdet und über alle sozialen Schichten hinweg (eine wohlbegründete) Akzeptanz finden kann. Wo dies nicht der Fall ist, fördert die Migrationspolitik rechtspopulistische und nationalistische Kräfte, deren Erstarken am Ende die Demokratie als Ganze bedrohen kann.

5. Postulat: Die Migrationspolitik generell, speziell aber die auf Wirtschafts- und Arbeitsmigration gerichtete, hat die Nachteile, die sich daraus für die Herkunftsregionen ergeben, vollständig zu kompensieren.

6. Postulat: Da Migration, nach allen verfügbaren Daten, im Vergleich zu anderen Maßnahmen bei der Bekämpfung des Weltelends und der Milderung der Ungleichheit zwischen globalem Norden und globalem Süden, zwischen ökonomisch entwickelten und ökonomisch weniger entwickelten Regionen weitgehend unwirksam, ja in den meisten Fällen kontraproduktiv ist, sollten die Solidaritätsressourcen der Weltgesellschaft nicht überwiegend durch transkontinentale Migration gebunden, sondern für großzügige Transferzahlungen in die Elendsregionen und vor allem zum Aufbau einer gerechteren Weltwirtschaftsordnung eingesetzt werden.

7. Postulat: Verlange von der Migrationspolitik nichts, was du nicht auch in deinem sozialen Nahbereich akzeptierst, und praktiziere in deinem sozialen Nahbereich, was du von der Migrationspolitik erwartest.

Julian Nida-Rümelin, Über Grenzen denken. Eine Ethik der Migration, Hamburg: Edition Körber 2017, S. 93–101.

M 5 „Jenseits von Afrika"
Karikatur von Pepsch Gottscheber, 23. August 2006

Aufgaben

1. **Erfahrungen von Spätaussiedlerinnen und Spätaussiedlern – mit digital verfügbaren Quellen**
   Zum Thema Spätaussiedler liegen Interviews mit Zeitzeuginnen und Zeitzeugen vor. So hat das Haus der Bayerischen Geschichte solche Erinnerungen gesammelt: https://www.hdbg.eu/zeitzeugen/themen/aussiedler-und-spaetaussiedler/178 – Besonders interessant sind die Aussagen von Eugen Vetter, Regina Enz, Julia Lang, Lydia Pasternak, Eugen Vetter und Hermina Wagner.
   a) Wählen Sie ein Beispiel aus und werten Sie die Erinnerungen aus.
   b) Untersuchen Sie die jeweils besonderen Erfahrungen der Betreffenden. Diskutieren Sie insbesondere, ob die Integration gelungen ist.
   c) Ordnen Sie das konkrete Beispiel in den allgemeinen historischen Zusammenhang ein.
   ↝ Internet
2. **„Eine Ethik der Migration"**
   a) Erläutern Sie mit eigenen Worten die Forderungen des Autors Nida-Rümelin (M4).
   b) Überprüfen Sie die einzelnen Postulate anhand von konkreten Beispielen.
   c) Analysieren Sie die Karikatur M5 und nehmen Sie zur Kernaussage der Karikatur Stellung.
   d) Diskutieren Sie die Chancen und Herausforderungen, die mit der Einwanderung nach Deutschland verbunden sind.
   ↝ M4, M5

Migration in Bayern von der Frühen Neuzeit bis zum 20. Jahrhundert

Migration ist eine Grundtatsache der Menschheitsgeschichte. Dabei gibt es vielfältige Formen. Am Beispiel Bayerns wurden verschiedene Beispiele vorgestellt:
- Die Hugenotten in der Frühen Neuzeit
- Binnenwanderung und Auswanderung im 19. Jahrhundert
- Gewaltmigration im Nationalsozialismus: jüdischen Bevölkerung
- Gewaltmigration im Nationalsozialismus: Zwangsarbeit
- Migration nach 1945: Heimatvertriebene
- Migration in den 1990er-Jahren.

Um diese ganz unterschiedlichen Beispiele aufeinander beziehen und vergleichen zu können, benötigt man passende Kriterien, wie z.B.:
- Bedingungen (Migrationsregime)
- Motive/Gründe
- Räume (Ausgangspunkt, Weg, Ziel)
- Verlauf, Ankunft und Integration
- Folgen
- Bedeutung.

Auf dieser Grundlage können dann grundlegende Fragen, wie die nach Ursachen und Folgen sowie nach Chancen und Herausforderungen, diskutiert werden.

Aufgaben

1. Migration in Bayern – Beispiele

a) Erläutern Sie mithilfe der Bildleiste beispielhaft wichtige historische Phasen der Migrationsgeschichte für Bayern. Beziehen Sie dabei die GDB sowie Fachbegriffe der Migrationsforschung mit ein.

b) Fassen Sie mithilfe der genannten Kriterien zentrale Merkmale der einzelnen Beispiele zusammen. Gehen Sie dabei insbesondere auf Ursachen und Folgen ein.

c) Diskutieren Sie die jeweiligen Chancen bzw. Herausforderungen, die sich aus den einzelnen Beispielen für die aktuelle Situation ergeben.

Text auf dieser Seite, Beispiele und GDB aus dem Kapitel

2. Migration in Bayern im Zusammenhang

a) Erstellen Sie mithilfe der genannten Kriterien eine Übersicht über die einzelnen Beispiele.

b) Vergleichen Sie ausgewählte Migrationsbewegungen und analysieren Sie deren historischen Wandel.

c) Untersuchen Sie mithilfe Ihrer Übersicht, ob sich bestimmte Muster von Migrationsbewegungen feststellen lassen.

d) Verfassen Sie einen Text zum Thema: „Welche Potenziale und Herausforderungen hat Migration für Bayern?"

Beispiele aus dem Kapitel

Grundlegende Daten und Begriffe im Lehrplan*PLUS* Geschichte (11. Klassenstufe)

um 1200
Kulturelle Blüte zur Zeit der Staufer

1517
Beginn der Reformation

17./18. Jahrhundert
Absolutismus in Europa

1848/49
Revolution in Deutschland

1871
Deutsche Reichsgründung

1914–1918
Erster Weltkrieg

30. Januar 1933
Hitler Reichskanzler

9. November 1938
Novemberpogrome

1939–1945
Zweiter Weltkrieg

20. Juli 1944
Attentat auf Hitler

8./9. Mai 1945
Bedingungslose Kapitulation Deutschlands

1946
Verfassung des Freistaats Bayern

1949
Gründung der beiden deutschen Staaten

17. Juni 1953
Aufstand gegen das SED-Regime

1972
Grundlagenvertrag

9. November 1989
Öffnung der innerdeutschen Grenze

3. Oktober 1990
„Tag der Deutschen Einheit"

Absolutismus
Herrschaftsform in Europa im 17. und 18. Jh., in der die Könige bzw. Fürsten ihre Herrschaft von Gott ableiteten und den Anspruch erhoben, völlig uneingeschränkt zu regieren. Der Herrscher in der absoluten Monarchie verkörperte eine staatliche Souveränität, die weder durch Ständevertretungen noch durch Herrschaftsrechte Adeliger eingeschränkt wurde.

Adel
Im Mittelalter und bis ins 19. Jh. herrschender Stand, der sich durch Abstammung, Besitz, Vorrechte und eigene Lebensformen von der übrigen Gesellschaft abhob.

Antisemitismus
Allgemein Feindschaft und Hass gegenüber Jüdinnen und Juden, die u. a. in der Zeit des Nationalsozialismus rassistisch motiviert waren und pseudowissenschaftlich begründet wurden. Diese Form des Antisemitismus war ein zentraler Bestandteil der Ideologie des Nationalsozialismus: Nationalsozialisten teilten die Menschheit in minderwertige und höherwertige Rassen ein, wobei sie eine vermeintliche „jüdische Rasse" als minderwertig, die „arische Rasse" als höherwertig definierten. Ihre rassistischen Vorstellungen verknüpften sie mit älteren Erscheinungsformen der Judenfeindschaft, die z. B. auf religiösen und sozialen Motiven beruhten. Der NS-Antisemitismus bildete eine wesentliche Grundlage für die Ermordung der europäischen Jüdinnen und Juden durch die Nationalsozialisten.

Bürger
Im Mittelalter die Einwohner einer Stadt, die das Bürgerrecht besaßen und damit politisches Mitspracherecht hat-

Grundlegende Begriffe im Lehrplan*PLUS* Geschichte (11. Klassenstufe)

ten (z. B. Wahl des Stadtrats). In manchen Städten erlaubte das Stadtrecht auch Frauen und Juden den Erwerb des Bürgerrechts. Heute bezeichnet der Begriff überwiegend Bewohnerinnen und Bewohner eines Staates, welche die Staatsbürgerschaft besitzen.

Deutsches Kaiserreich
1871 nach den Einigungskriegen als konstitutionell-monarchischer Nationalstaat gegründet; 1918 im Zuge der Novemberrevolution nach dem Ersten Weltkrieg aufgelöst.

Entkolonialisierung
Seit Ende des Zweiten Weltkriegs stattfindende Loslösung und Befreiung der afrikanischen und asiatischen Staaten von der Kolonialherrschaft der Europäer unter Berufung auf das Selbst-bestimmungsrecht der Völker.
Die formale Unabhängigkeit der ehemaligen Kolonien bedeutete jedoch oft nicht deren vollständige staatliche Souveränität, da wirtschaftliche, soziale und politische Abhängigkeitsstrukturen fortbestanden.

Flucht und Vertreibung
Gemeint ist sowohl die seit 1944 einsetzende Massenflucht der deutschen Bevölkerung vor der sowjetischen Armee als auch die von den Alliierten auf der Potsdamer Konferenz beschlossene Ausweisung und Zwangsumsiedlung der Deutschen aus den ehemals deutschen Siedlungsgebieten östlich der Oder-Neiße-Linie.

„Gastarbeiter“
Missverständlicher Begriff für Arbeitsmigranten, die ab 1955 aus anderen Ländern (z. B. aus Italien, Spanien und der Türkei) angeworben wurden, um den Arbeitskräftemangel in der westdeutschen Wirtschaft auszugleichen. Trotz der anfänglich vor-gesehenen Rückkehr blieben viele dauerhaft in der Bundesrepublik Deutschland.

Ghetto
Von der übrigen Stadt oft durch Mauern und Tore abgetrenntes Wohngebiet der jüdischen Gemeinschaft.
Der Begriff „Ghetto“ bezieht sich auf das „Geto Novo“ genannte Wohnviertel der Juden in Venedig, das Anfang des 16. Jh. auf dem Gebiet einer Gießerei (ital. „geto“) ausgewiesen wurde. Während des Zweiten Weltkriegs errichteten die Nationalsozialisten in einigen osteuropäischen Städten Ghettos, die dazu dienen sollten, die jüdische Bevölkerung buchstäblich auszugrenzen und zu quälen. Heute bezeichnet „Ghetto“ meist abwertend ein Viertel, dessen Bewohner nur wenige Beziehungen zur städtischen Umgebung pflegen.

Holocaust bzw. Shoa
Seit Ende der 1970er Jahre übliche Bezeichnung für die systematische Ermordung von ca. 6 Millionen europäischer Jüdinnen und Juden durch das nationalsozialistische Deutschland. Aufgrund seiner Herkunft vom griechischen Begriff holókaustos („vollständig verbrannt“) wird der Begriff Holocaust gelegentlich kritisiert, üblich ist daher auch der Begriff Shoa (auch Shoah geschrieben, hebräisch für „Katastrophe“)

Industrialisierung
Von England ausgehende, tiefgreifende Veränderung der Arbeitsverhältnisse und der Gesellschaft durch den Einsatz von Maschinen im 19. Jahrhundert.

Kaiser
Höchster Herrschertitel, der im Mittelalter an die Tradition des Römischen Kaiserreichs anknüpfte. Der Kaiser wurde im Mittelalter vom Papst gekrönt und verstand sich als Schutzherr der Christenheit. Zudem erhob er Anspruch auf die oberste weltliche Herrschaft über alle Christen.
In der Neuzeit verlor der Titel allmählich seinen sakralen Charakter. Im 1871 gegründeten Deutschen Reich trug das Staatsoberhaupt den Titel „Deutscher Kaiser“.

König
Meist aus dem Adel stammender Herrscher bzw. Herrscherin eines Landes, der bzw. die durch Wahl (z. B. im Heiligen Römischen Reich Deutscher Nation) oder Erbrecht (z. B. in England, Frankreich) bestimmt wird.

Konzentrations- und Vernichtungslager
Konzentrationslager: Vom nationalsozialistischen Deutschland ab 1933 errichtete Lager zur Internierung, Ausbeutung und Tötung von Menschen, die aus rassistischen, politischen oder weltanschaulichen Motiven verfolgt wurden (u. a. Jüdinnen und Juden, Sinti und Roma, politische Gegner, Homosexuelle).
Vernichtungslager: Während des Zweiten Weltkriegs von den Nationalsozialisten in den besetzten Gebieten Osteuropas errichtete Lager zur systematischen Ermordung ins-

Grundlegende Begriffe im Lehrplan*PLUS* Geschichte (11. Klassenstufe)

besondere von Jüdinnen und Juden, aber auch von Sinti und Roma und anderen Bevölkerungsgruppen. Sie unterschieden sich von den Konzentrationslagern dadurch, dass sie gezielt und vorrangig der massenhaften und systematischen Ermordung von Menschen dienten.

Mauerbau
1961 erfolgter Ausbau der bestehenden Grenzbefestigungen zwischen DDR und BRD zu einer undurchdringbaren Grenzanlage durch die DDR-Führung mit dem Ziel, die Abwanderung ihrer Bürgerinnen und Bürger in den Westen zu stoppen.

Menschenrechte
Angeborene und unveräußerliche Rechte eines jeden Menschen, z.B. Recht auf Leben, Freiheit und Gleichheit vor dem Gesetz.
Von großer Bedeutung war die Aufnahme von Menschenrechten in die Amerikanische Unabhängigkeitserklärung (1776) und die Erklärung der Menschen- und Bürgerrechte im Zuge der Französischen Revolution (1789). Im Grundgesetz der Bundesrepublik Deutschland nehmen die Grundrechte einen hohen Stellenwert ein und genießen besonderen Schutz.

Migration
Dauerhafter Wohnortwechsel von Menschen, der unterschiedliche Ursachen haben kann, z.B. die Flucht vor politischer Verfolgung, vor Folter, Krieg und Hunger, die Suche nach besseren Lebensumständen oder neue berufliche Möglichkeiten.

Mittelalter
Zeit zwischen ca. 500 und ca. 1500 n. Chr., also zwischen der Antike und der Neuzeit.

Nationalsozialismus
Extremistische Ideologie, die die Grundlage des nationalsozialistischen Staates bildete. Kennzeichen dieser Ideologie sind u.a.: Rassismus, Antisemitismus sowie Nationalismus, das Führerprinzip, die gewaltsame Ausschaltung politischer Gegner und eine expansive Außenpolitik.

Neuzeit
Bezeichnung für die Zeit nach dem Mittelalter (ab ca. 1500) bis hin zur Gegenwart.

„Nürnberger Gesetze"
Bezeichnung für die 1935 von den Nationalsozialisten erlassenen antisemitischen Rassegesetze. Sie bildeten die gesetzliche Grundlage für die systematische Ausgrenzung und Verfolgung der Jüdinnen und Juden. In ihnen waren u.a. der Verlust aller ihrer staatsbürgerlichen Rechte und das Verbot von Eheschließungen zwischen Juden und Nichtjuden enthalten.

Planwirtschaft
Typische Wirtschaftsordnung sozialistischer Staaten wie der DDR. Während kapitalistische Wirtschaftssysteme auf die Selbstregulierung der freien Märkte durch Angebot und Nachfrage setzen, wird die Wirtschaft in sozialistischen Systemen vom Staat durch Pläne zentral gelenkt.

Quellen
Texte, Gegenstände, Bilder aus der Vergangenheit, die entweder zufällig erhalten geblieben sind (Überrest) oder absichtlich überliefert wurden (Überlieferung), sowie Zeitzeugenaussagen.

Reformation
Eine kirchliche Erneuerungsbewegung, die zur Spaltung des westlichen Christentums durch die Entstehung der evangelischen Kirche führte. Die Reformation veränderte auch die politische Ordnung Europas.

Soziale Frage
Frage nach der Lösung der durch die Industrialisierung entstandenen sozialen Probleme, z.B. Wohnungsnot, Kinderarbeit und mangelnde soziale Absicherung.

„Staatssicherheit"
Der durch das „Ministerium für Staatssicherheit" (MfS) gesteuerte Geheimdienst der DDR, der auch die eigene Bevölkerung überwachte und dabei als Mittel Einschüchterungen, willkürliche Verhaftungen und Gewalt einsetzte; Kurzbezeichnung: „Stasi".

Stände
Durch Geburt definierte Großgruppen in der mittelalterlichen Gesellschaft: Klerus (erster Stand), Adel (zweiter Stand), Bauern und Bürger (dritter Stand). Die drei Stände hatten unterschiedliche Rechte und Pflichten.

Grundlegende Begriffe im Lehrplan*PLUS* Geschichte (11. Klassenstufe)

Vertrag von Versailles

1919 geschlossener Friedensvertrag, der den Ersten Weltkrieg beendete. Die Siegermächte schrieben u. a. die alleinige Kriegsschuld Deutschlands fest und verfügten Gebietsabtretungen, militärische Beschränkungen und Reparationszahlungen.

Zu den „Pariser Vorortverträgen“ gehören weitere Verträge, die sich u. a. mit den anderen unterlegenen Kriegsparteien wie Österreich-Ungarn und dem Osmanischen Reich beschäftigten und insgesamt zu einer territorialen Neuordnung beitrugen.

„Volksgemeinschaft“

Nationalsozialistischer Propagandabegriff, welcher die Geschlossenheit eines durch eine angeblich gemeinsame Rasse definierten deutschen Volks behauptet. Andere Menschen („Volksfremde“) werden aus der „Volksgemeinschaft“ ausgeschlossen, diskriminiert und verfolgt. Die Bedürfnisse und Interessen Einzelner müssen sich denen der Gemeinschaft unterordnen.

akg-images GmbH, Berlin: 18.3, 25.1, 34.1, 36.1, 39.1, 42.1, 43.2, 47.1, 52.1, 54.3, 62.3, 65.1, 68.1, 73.2, 74.2, 87.1, 90.1, 107.3; AP 3.2; Bildarchiv Pisarek 54.4; historic-maps 4.2, 77.1; Mondadori Portfolio/Archivio GBB 81.1; Teller, Michael 44.1. |Alamy Stock Photo, Abingdon/Oxfordshire: incamerastock 11.1; public domain sourced/access rights from Dipper Historic Titel; Savage, Maurice 12.1; Sunny Celeste 75.2. |Alamy Stock Photo (RMB), Abingdon/Oxfordshire: Stark, John 70.1. |Bibliothek für Hugenottengeschichte, Tübingen: 68.2. |bpk-Bildagentur, Berlin: 37.1, 38.1, 38.2, 69.2; Bayerische Staatsbibliothek 82.1; Deutsches Historisches Museum 95.1; Deutsches Historisches Museum/ Reichard & Lindner 86.1; Engel, V. 98.2; Ethnologisches Museum, SMB/Graf, Dietrich 22.2; SBB/Schacht, Ruth 73.1; Staatsbibliothek zu Berlin 14.1. |Das Bundesarchiv, Koblenz: 99.1. |Erich Malter Fotografie, Erlangen: 4.1, 62.1, 69.1, 107.1. |fotolia.com, New York: 6.3, 60.3. |Gedenkstätte Museum in der „Runden Ecke" mit dem Museum im Stasi-Bunker, Leipzig: Inv.-Nr. B00084 53.2. |Getty Images, München: Stringer/Ord, Cindy 78.1. |Gottscheber, Pepsch, München: 106.1. |Güttler, Peter - Freier Redaktions-Dienst (GEO), Berlin: 64.1, 89.1. |Hans im Glück Verlags-GmbH, München: 15.1. |Hintze, Rolf-Henning, München: 3.1, 6.2, 18.1, 60.2. |Historisches Lexikon Bayerns – Bayrische Staatsbibliothek, München: 17.1. |Interfoto, München: Granger, NYC 62.2, 74.1, 107.2. |Küpper, Ralf, Lübeck: 33.1. |Lokalbaukommission - Referat für Stadtplanung und Bauordnung, Landeshauptstadt München, München: Bauakte Ehrenbürgstraße 9 92.1. |Ludwig-Maximilians-Universität München-Department I – Germanistik, Komparatistik, Nordistik, Deutsch als Fremdsprache, München: Projekt LediZ, Foto: BrightWhite Ltd 35.3. |Neumann, Hinrich, Schortens-Sillenstede: Neumann, Mona 15.2. |Niedersächsisches Landesarchiv, Wolfenbüttel: Abteilung Wolfenbüttel, 55 Neu Wieda Zg. 37/2001 Nr. 2 95.2. |NS-Dokumentationszentrum München, München: 35.1. |Nürnberg Luftbild/Hajo Dietz Fotografie, Nürnberg: 8.3. |Penguin Random House Verlagsgruppe GmbH, München: Coverartwork und Klappentext nach Christopher Clark, Die Schlafwandler, erschienen in der Deutschen Verlags-Anstalt, München, in der Penguin Random House Verlagsgruppe GmbH 8.6. |Picture-Alliance GmbH, Frankfurt a.M.: akg 54.1; akg-images 53.1; Armin Weigel/dpa 17.2; ASSOCIATED PRESS 80.1; dieKLEINERT.de /Schwarwel 58.1; dpa 26.1, 43.1; dpa/CTK-Photo 98.1; dpa/Fischer 54.5; dpa/Kumm, W. 8.5, 31.1; dpa/Kumm, Wolfgang 8.2; dpa/Ossinger, Horst 103.1; imageBROKER/Fotoatelier Berlin 22.1; StockPix (Dave Johnston) 6.1, 60.1; von Jutrczenka, Bernd 30.1; ZB/euroluftbild.de/Launer, Gerhard 29.1. |S. Fischer Verlag GmbH, Frankfurt/Main: 8.4. |Staatsarchiv Windhuk NAN, Windhoek: 18.2. |Stadt Kitzingen - Stadtarchiv, Kitzingen: Fotoarchiv: Synagoge 87.2. |stock.adobe.com, Dublin: Behnert, Ronny Titel. |Süddeutsche Zeitung - Photo, München: 62.4, 107.4; Scherl 94.1. |ullstein bild, Berlin: 24.1, 75.3; Borgas 39.2; Fritz Rust 105.1; Granger Collection 20.1; H. Schlemmer 6.4, 57.1, 60.4; The Granger Collection 75.1; ullstein bild 54.2. |vario images, Bonn: 8.1. |Yad Vashem Archives, Jerusalem: International School for Holocaust Studies/www.yadvashem.org 35.2.